Alfred Berghammer

Ich will nochmal!

Wieder auf dem Jakobsweg

Alfred Berghammer

Ich will nochmal!

Wieder auf dem Jakobsweg

VERLAG ANTON PUSTET

Gewidmet meiner Sissy

Impressum

Bibliografische Information der Deutschen Nationalbibliothek
Die Deutsche Nationalbibliothek verzeichnet diese Publikation in der Deutschen Nationalbibliografie; detaillierte bibliografische Daten sind im Internet über http: //dnb.d-nb.de abrufbar.

Lektorat: Martina Schneider
Layout und Produktion: Tanja Kühnel
Druck: PB tisk, Tschechien
Gedruckt in der EU

ISBN 978-3-7025-1012-1

Auch als eBook erhältlich
eISBN 978-3-7025-8081-0

www.pustet.at

Bildnachweis:
Cover u. S. 2/3: frescomovie, Doczky, Picsfive, Dinga, JosepPerianes sowie tichr; alle shutterstock.com; S. 64 Raul Bal/shutterstock.com;
Karte S. 6/7 Alfonso de Tomas/shutterstock.com
Alle anderen Bilder und Illustrationen (Credentials, Umschlag Innenseiten): Alfred Berghammer.

Inhaltsverzeichnis

Camino de Santiago

Camino francés

Cantábrico
FRANCIA
Cantabria
País Vasco
Euskadi
Cdad. Foral
de Navarra
La Rioja
Aragón
Saint Jean
Pied de Port
Roncesvalles
Larrasoaña
Cizur Menor
Puente la Reina
Monreal
Sangüesa
Ruesta
Arrés
Somport
Jaca
Estella
Los Arcos
Logroño
Nájera
Santo Domingo
de la Calzada
Belorado
San Juan de Ortega
Burgos
Hontanas
Boadilla del Camino

Vorwort

Vor zehn Jahren bin ich unmittelbar nach meiner Pensionierung von Salzburg zu Fuß den Jakobsweg nach Santiago de Compostela gepilgert. Wie es mir dabei gegangen ist, steht im Reisetagebuch eines Pilgers (Verlag Anton Pustet, 2010) beschrieben. Die drei Monate dieser Reise waren die intensivsten und eindrücklichsten meiner bis dahin zurückgelegten sechs Lebensjahrzehnte. Jeder Tag brachte neue Eindrücke auf den Routen der schönsten Regionen Europas. Ich bin eine große Strecke des Weges allein gegangen, den kleineren Teil hat mich meine Frau begleitet, doch einsam habe ich mich nie gefühlt. Es begegneten mir so viele Menschen aller möglichen Nationalitäten. Es gab viel zu lachen, noch mehr zu staunen und unendlich viel Zeit, zu mir selbst zu finden. Ich habe Freundschaften geknüpft, die teilweise immer noch bestehen. Ich kann diese drei Wochen mit einem ganzen Lebensweg vergleichen, den ich mit allen Höhen und Tiefen wie in einem Zeitraffer erlebt habe, immer mit einem Ziel vor Augen, das die Sehnsucht stärker werden lässt.

Und wer möchte nicht eine derart wunderbare Zeit des Lebens noch einmal wiederholen? So wurde über die Jahre in mir der Wunsch immer größer, noch einmal den Jakobsweg zu beschreiten. Diesmal sollte es der Camino Francés sein – die Hauptroute der Pilger, die ich beim letzten Mal, wo es möglich war, gemieden hatte. Diese führt von den französischen Pyrenäen bis Santiago de Compostela. Die Route ist während des Sommerhalbjahres ziemlich frequentiert. Deshalb wählte ich die Zeit

Auf schönen Wegen über die Pyrenäen.

des Spätherbstes in der Hoffnung, dass es mit den Pilgermassen nicht so arg sein würde. Ich habe schön behutsam während des Jahres 2019 immer wieder über dieses Thema mit Sissy, meiner Frau, gesprochen. Schließlich war sie damit einverstanden, dass ich allein gehe, möglicherweise aus Erleichterung darüber, dass ich sie nicht drängte mitzugehen.
Sie und viele Freunde und Familienmitglieder fragten mich, warum ich diese Anstrengung noch einmal auf mich nehmen wollte. Und – offen gesagt – ein bisschen fragte ich mich das auch selbst. Zum Teil hatte das wahrscheinlich mit einer gewissen Torschlusspanik zu tun. Ich war vor zehn Jahren so begeistert vom Pilgern gewesen, hatte mir für die folgenden Jahre einige Routen vorgenommen und auch die Pilgerführer schon besorgt, die seither in meiner Bibliothek verstauben. In den ersten beiden Jahren nach meiner großen Pilgerreise habe ich meiner Frau zwar ausgesuchte Strecken des Jakobswegs gezeigt, unter anderem das Inntal, die Via Podiensis (von Genf nach Le Puy) und den österreichischen Jakobsweg von der slowakischen Grenze bis Maria Plain. Aber bei dieser letzten Unternehmung machte mir mein linkes Sprunggelenk, das ich mir bereits mit 17 Jahren nachhaltig lädiert habe, deutlich, dass nun einmal Schluss sein musste mit solchen Strapazen.
Vor drei Jahren habe ich mir dieses Sprunggelenk operativ in Zürich sanieren lassen. Das Gelenk wurde neu aufgesetzt und mit zwei Schrauben versteift. Lange wusste ich nicht, ob ich überhaupt jemals wieder Sport treiben oder im schlimmsten Fall vielleicht gar nicht mehr ordentlich gehen könnte. Ich habe es wieder gelernt und durch Spezialschuhe mit einer Abroll-Sohle sogar wieder einen annehmbaren Sport-Level erreicht. Soviel zur Vorgeschichte.

Jetzt wieder zur Torschlusspanik. Ich bin 70 geworden und mir wurde bewusst, dass mir nicht mehr allzu viel Zeit bliebe, wenn ich wirklich noch einmal eine längere Pilgerreise machen wollte.

Blick zurück auf die Morgennebel in Frankreich.

Dazu kommt, dass ich bei meiner Reise vor zehn Jahren neben den bereits geschilderten beglückenden Erfahrungen einige spirituell besonders berührende Augenblicke erlebt habe. Meine Hoffnung war, dass ich auch bei dieser Pilgertour wieder besonders in die Sphären der Gottesnähe eintauchen könnte. Ob daraus etwas geworden ist, wird erst am Schluss dieses Reisetagebuchs verraten. Am Ende werde ich auch eine Gesamtbilanz ziehen: Hat es sich gelohnt, die Strapazen eines so langen Pilgerwegs im Spätherbst auf mich zu nehmen?

LES ARCADES
café
BRASSERIE

Die Anreise

Am 24. Oktober ging es los. Nur besonders gute Kenner meiner Person haben durchschaut, dass dieses Datum etwas mit Fußball zu tun hatte: Am Mittwoch, den 23. Oktober besuchte ich mit anderen Fußball-verrückten Familienmitgliedern das Champions League Gruppenspiel Salzburg gegen FC Napoli. Kurz überlegte ich, ob ich den für die Anreise notwendigen Zwischenstopp in Paris mit einer Übernachtung und entsprechendem Freizeitprogramm verbinden sollte. Aber allein eine Stadt zu besichtigen oder in diverse Lokale einzukehren ist nicht so meine Sache. Geteilte Freude ist für mich doppelte Freude, deshalb sollte Paris einer späteren Reise mit meiner Frau vorbehalten bleiben. Ich hatte aber zumindest vor, die zweistündige Pause zwischen Flug und Zug für ein stimmiges Mittagessen zu nützen. Wie naiv!

Am Donnerstagmorgen brachte mich Sissy zum Flughafen Salzburg, wo ich in das Flugzeug nach Frankfurt einstieg, um von dort noch am Vormittag nach Paris, Flughafen Charles de Gaulle, zu gelangen. Die Flüge liefen routiniert und pünktlich ab. Ich fragte mich nur, was die Leute alle vorhatten, die zwei Flugzeuge am Wochentag außerhalb der Reisesaison fast bis zum letzten Platz füllten.

War das etwa unsere Antwort auf die Klimaerwärmung? Ich unterdrückte das aufwallende Gefühl der „Flugscham“, denn Ende Oktober hat man keine Zeit zu verlieren, wenn man dem nahenden Winter entkommen möchte.

Um etwa dreiviertel zwölf war ich am Flughafen Charles de Gaulle in der Nähe von Paris gelandet. In rund eindreiviertel Stunden würde ein TGV, ein französischer Hochgeschwindig-

Altstadt von Bayonne. Vom Atlantik in die Pyrenäen.

keitszug, vom Bahnhof Paris Montparnasse nach Bayonne abfahren. Für diesen Zug hatte mir eine freundliche Dame vom Schalter der Deutschen Bahn in Salzburg einen Sitzplatz reserviert. Ohne Reservierung kann man nicht mit dem TGV fahren. Interessanterweise hatte man mich beim ÖBB-Schalter zu den deutschen Kollegen verwiesen, weil man diese Fahrt dort wesentlich billiger buchen konnte.
Aber wie sollte ich nun die rund 40 Kilometer vom Flughafen Charles de Gaulle zum Bahnhof Paris Montparnasse kommen? Das sicherste und schnellste wäre zweifellos ein Taxi gewesen. Aber 40 Kilometer und so viel Zeit! Ich schaute mich also nach einem Bus um. Siehe da, eine Linie fuhr direkt vom Flughafen über den Gare de Lyon zum Gare Montparnasse, Zeitbedarf rund eine Stunde. Genau den hatte ich gebraucht! Ich kaufte mir am Automaten eine Karte. Der Bus kam pünktlich und ich machte es mir auf einem Sitz in der Mitte gemütlich. Wir fuhren los, Autobahnen, Schnellstraßen, Abzweigungen und so weiter. Wegen des starken Verkehrs ging es teilweise nur sehr zäh voran. Ich konnte keine Busspuren entdecken, wo wir schnellere Fahrt gehabt hätten. Aber was soll's, dachte ich, es ist ja noch genug Zeit! Nach etwa einer Stunde stieg meine Nervosität an wie die Temperatursäule an einem Hochsommertag. Gegen 13.15 Uhr erreichten wir den Gare de Lyon, die Station vor Gare Montparnasse. Während andere Busbenützer in aller Ruhe ausstiegen, ging ich zum Fahrer nach vorn und zeigte ihm meine Karte für den TGV. Ob sich das wohl ausginge? Er meinte, das wäre „dure" (hart). Nun was hätte es bedeutet, wenn ich den TGV nicht erreiche: Ich hätte mir eine neue Reservierung besorgen müssen, für morgen oder übermorgen. Mein bereits gebuchtes und bezahltes Quartier in Saint-Jean-Pied-de-Port wäre verfallen. Ich hätte mir in Paris ein Hotelzimmer besorgen müssen, für wie viele Nächte? Das alles in einer Sprache, die ich nur „un peu" (ein wenig) beherrsche. Schon zu Beginn der Reise so eine Komplikation hatte ich nicht erwartet.

Meine Nervosität hatte sich deshalb in eine kleine Panik ausgewachsen. Ich sauste nach hinten zu meinem Sitz, schnappte meinen Rucksack und hastete zum Ausgang nach vor. Rufe von hinten! Ich hatte meine Regenjacke verloren. Also noch einmal zurück, Regenjacke holen. Außerhalb des Busses musterte ich den vorbeiflutenden Verkehr. In den Filmen muss man nur mal mit den Fingern schnippen (laut pfeifen kann ich nicht) und ein Taxi hält. Aber bald merkte ich, dass das aussichtlos war. Aber halt, hinter mir war ja der Bahnhof. Dort warteten geduldig zwei lange Reihen von Taxis. Ich eilte nach vorn – lange Schlange – und zeigte dem ersten Fahrer mein TGV-Ticket und fragte ihn, ob er das schaffen könne. Zu meiner großen Erleichterung meinte er, das sei nicht unmöglich. Also nichts wie hinein und los ging es.

Die große Gemeinheit war, dass viele mit Ampeln geregelte Kreuzungen und Fußgängerübergange folgten und diese generell auf Rot schalteten, sobald wir in deren Nähe kamen. Der Fahrer beachtete das Rotlicht sehr genau, aber sonst fuhr er wie bei einer Verfolgungsjagd in einem Thriller. Wenn möglich, jagte er die Geschwindigkeit bis 100 km/h hinauf. Zuletzt, kurz vor dem Gare Montparnasse gibt es für jede Richtung eine Fahrbahn. Unsere war mit einer wartenden Kolonne besetzt. Da nahm er einfach die für den Gegenverkehr vorgesehene und erzürnte damit den Fahrer eines entgegenkommenden Taxis. Fünf Minuten vor Abfahrt des TGV erreichten wir den Bahnhof. Ich war dem Taxifahrer unendlich dankbar – dafür, rechtzeitig und dennoch lebendig angekommen zu sein – und rundete den Fuhrlohn großzügig auf.

Am Bahnhof wuselten die Massen hin und her. Wo war der richtige Bahnsteig? Nach kurzer Orientierungsphase fand ich ihn. Aber halt, Kontrolle! Ohne Ticket kann man nicht auf den Bahnsteig. In welche Tasche meines Rucksacks hatte ich nur das Ticket gesteckt. Ein Griff … und die Sucherei ging los. Aber so viele Möglichkeiten gab es ja Gottseidank nicht, ich fand das

Ticket, schnell in den Zug hinein – hurra, ich hatte es geschafft! Ich suchte mir den reservierten Sitz, ein wundervoller Fensterplatz in Fahrtrichtung an einem schönen Tisch, ließ mich nieder und der Zug rollte an.

Die Zugfahrt war herrlich entspannt, meine Nerven hatten sich nach der stressigen Anreise schnell wieder erholt. Und die quengelnden Kinder in unmittelbarer Nähe störten mich überhaupt nicht. Einige Dinge fielen mir aber auf: Es gab keine Fahrscheinkontrolle. Logisch: erstens war der Zug überfüllt und zweitens hatte es ja am Bahnsteig eine Kontrolle gegeben. Speisewagen gab es leider auch keinen, nur ein Buffet, wo man kleinere Snacks und Getränke beziehen konnte, aber nur mit Karte, Bargeld ist kein vorgesehenes Zahlungsmittel mehr. Wegen meiner Gluten-Sensitivität war die Auswahl sehr klein, so bestand mein Mittagessen diesmal aus Kartoffelchips, Schokolade und Wasser.

In Bayonne hatte ich eineinhalb Stunden Zeit bis zur Abfahrt des Regionalzuges, der mich endlich an den Ausgangspunkt meiner Pilgerreise bringen sollte. Ich schlenderte durch die Stadt in der Nähe des Atlantiks, deckte mich mit Proviant für den nächsten Tag ein und gönnte mir eine Erfrischung in einer kleinen Bar.

In Ruhe bestieg ich den Regionalzug nach Saint-Jean-Pied-de-Port. Nicht viele wollten dorthin, aber einige hatten so wie ich große Rucksäcke mitgebracht. Endlich waren wir in Saint-Jean. Alles lag im Dunkeln, ein schon am frühen Abend verschlafenes Nest. Dank Google Maps auf meinem Handy fand ich leicht die Pension, wo ein Zimmer für mich reserviert war. Sonst wäre es in der dunklen Einsamkeit schwierig gewesen, denn auf den Straßen war niemand mehr zu sehen. Was hat man nur früher ohne Smartphone gemacht? Die Rezeption der Pension war noch besetzt. Ich bekam einen Code zu einem Schlüsselkasten, in dem mein Zimmerschlüssel verwahrt war. Das hörte sich einfach an, war es aber nicht. Ich versuchte alles Mögliche, aber konnte nicht entdecken, wo das Kästchen aufging. Zum Glück

Am Bahnhof von Bayonne: Umsteigen vom Schnell- in den Bummelzug.

nahte die Hausherrin und alles war – gewusst wie – dann doch ganz einfach. Das Zimmer samt Bad hatte schon lang vergangene Zeiten gesehen, war aber sauber und auch sonst ganz in Ordnung.

In unmittelbarer Nachbarschaft ließ ich mich nach dem Bezug meines Quartiers in einem Restaurant nieder. Der Kellner fragte mich, ob ich Englisch oder Französisch vorzöge. Voll Stolz sagte ich: „Französisch." Ich kann zwar nicht gut Französisch, aber die für einen Touristen notwendigen Vokabel beherrsche ich ausreichend. Trotzdem war es immer ein wenig spannend, was bei meiner Bestellung herauskommen werde. Ich bekam erfreulicherweise die Forelle und die Creme Brûlée, die ich mir vorgestellt hatte. Bei einem Glas Wein lehnte ich mich mit einem Gefühl satter Zufriedenheit zurück: Es war alles gut gegangen und morgen sollte es endlich losgehen!

Die Pyrenäenüberschreitung

Freitag, 25. Oktober: Am Morgen wachte ich voller Tatendrang wie üblich um sechs Uhr auf. In meiner Pension gab es nur einen Getränkeautomaten, aber kein Frühstück. Nicht verzagen, das Smartphone fragen. Das Internet verriet mir ein Café ganz in der Nähe, das auch schon geöffnet hatte. Vorsichtig ging ich durch ein stockdunkles Gässchen und betrat das Lokal für Frühaufsteher und Nachtschwärmer. Die hübsche Kellnerin war erstaunt über meinen Wunsch nach einem Frühstück ohne Brot, bis sie mein mitgebrachtes entdeckte. Sie zeigte sich beeindruckt und nahm es gleich mit. Auf einem Teller erhielt ich es getoastet zurück, zusammen mit Butter und Kaffee. Nach dem Frühstück ging es zuerst zurück in die Pension, um meinen Rucksack aus dem Zimmer zu holen. Dann suchte ich die Gasse auf, wo der Camino Francés beginnt. Dort stellte ich fest, dass das Pilgerbüro bereits geöffnet hatte. Zwei Freiwillige schoben dort in der frühen Morgenstunde schon Dienst. Ich wollte eigentlich nur einen Pilgerstempel, bekam aber zusätzlich detaillierte Anweisungen über den Wegverlauf, die ich eigentlich nicht benötigt hätte, mit. Ich ließ sie über mich ergehen, weil ich den Idealismus der Herren von der Jakobsweg-Gesellschaft zumindest durch Zuhören honorieren wollte.

Danach ging es aber nun wirklich endlich los: Romantisch und verwunschen wirkte das mittelalterliche Saint-Jean-Pied-de-Port beim Verlassen durch die Rue de la Citadelle.
Die Dunkelheit wich der Morgendämmerung und die Wiesen waren noch von grauen Nebeln verhangen. Ich war keineswegs

Saint-Jean-Pied-de-Port im Morgengrauen. Start der Pyrenäenüberquerung.

Ein Stein erinnert an das Jahr 778, in dem Roland hier den Heldentod starb.

allein bei meinem frühen Marsch. Eine Menge Pilgerinnen und Pilger strebte wie ich in einem stetigen Bergauf dem Lepoeder-Pass zu. Etwa die Hälfte davon waren Asiaten, einige davon mit Mundschutz. Wollten sie sich vor der reinen, aber zweifellos taufrischen Bergluft schützen? Manche überholten mich und viele wurden von mir überholt. Ich schätze, dass mindestens 100 Pilger an diesem Tag mit mir unterwegs waren. Die Kulturlandschaft mit Wiesen und Feldern blieb allmählich zurück und nahezu baumlose Hügel und Kuppen füllten den weiten Horizont. Das gedämpfte Licht des Spätherbsts betonte die unterschiedlichen Pastelltöne der einzelnen Landschafts-Schichten.

Ein windstiller Tag mit ungetrübtem Sonnenschein und milden Temperaturen erfreute unsere Pilgerherzen. Auf den weiten Hängen lagerten und grasten große Schafherden und

Schafherde in der Freiheit der Pyrenäen.

immer wieder Pferde, die eine unbeschränkte Freiheit zu genießen schienen. Getrübt wurde die Idylle nur durch Jäger, die, mit Geländefahrzeugen angereist, in weitflächigen Treibjagden Wild aufzustöbern suchten. Einmal knallte so nahe bei mir ein Schuss, dass ich versucht war, mich zu ducken, um der Kugel zu entgehen. Es dürfte aber nicht so arg gewesen sein, denn ich hörte sie weder fliegen noch irgendwo einschlagen.

In der Nähe des höchsten Punktes auf 1250 Meter spendet die Rolandsquelle ihr köstliches Wasser. Die Rolandsage hatte mich schon als Bub in ihren Bann gezogen. Es ist ein französisches Versepos aus dem 11. Jahrhundert, welche das heldenhafte Ende Rolands besingt. Karl der Große war 778 mit einer großen Streitmacht von einem ziemlich erfolglosen Kampf gegen die Mauren nach Frankreich zurückgekehrt. Die Nachhut unter dem Ritter Roland geriet in dieser Gegend in einen Hinterhalt

der Basken, in dem alle, zuletzt auch der tapfere Roland, niedergemetzelt wurden. Eine tragische Hauptrolle spielte dabei nach der Sage das riesige Horn Olifant, das, wenn es rechtzeitig geblasen worden wäre, die Hauptstreitmacht zu Hilfe geholt hätte. So kündete es am Schluss nur mehr vom bevorstehenden Tod der Helden. An diese Sage erinnert auch ein Gedenkstein am Ibaneta Pass, bei dem man am Abstieg vorbeikommt.
Heldentod ist heute keiner mehr zu sterben, zumindest nicht hier, aber an ausgewählten Stellen mit WLAN-Empfang für Notfälle, wird in mehreren Sprachen auf die Möglichkeit, Hilfe zu rufen, hingewiesen. Verständlich, wenn man bedenkt, dass sich an manchen Tagen hunderte Pilger an diese Gebirgsüberquerung wagen, viele nicht in einem geeigneten körperlichen Zustand, die gut 1400 Höhenmeter im Anstieg und 24 Berg-Kilometer bewältigen müssen. Manche haben aber auch große Scheu vor den Strapazen dieser Gebirgsüberquerung und nehmen einen Umweg, der mit einer zusätzlichen Nächtigung verbunden ist.
Die Wege sind problemlos zu beschreiten, deshalb sah ich auch viele Pilger oder Wanderer mit Sportschuhen. Ich kam mir mit meinen Bergschuhen fast etwas over-equiped vor. Bei Nässe, Nebel oder schlechtem Wetter würde die Sache aber sicher wieder ganz anders aussehen, und wer konnte schon wissen, was noch auf uns wartete.
Die Versorgung hilfsbedürftiger Pilger war schon vor tausend Jahren ein Thema, und vermutlich ein wesentlich bedeutenderes als heute. Dazu wurde die Abtei Roncesvalles, erstmals 1071 urkundlich erwähnt, erbaut.

Schon bald nach dem Erreichen des Passes blickt man auf diese kleine Ansiedlung hinunter und freut sich, dass man es nach sieben bis acht Stunden anstrengendem Bergauf und Bergab bald geschafft haben wird. Von der Herberge hatte ich schon öfter Gräuelgeschichten gehört, weshalb ich es dort gar nicht

Abtei Roncesvalles als erste Ansiedlung nach der Pyrenäenüberschreitung.

versuchte, wo es die meisten anderen Pilger hinzog. Bei meiner ersten Pilgerwanderung auf dem Jakobsweg vor zehn Jahren hatte ich die Erfahrung gemacht, dass es sich bei solchen Geschichten meist nicht um Übertreibungen handelte, sondern oft um die unangenehme Wahrheit. Ich entdeckte ein Hotel und ein Gasthaus, wo ich hoffte, ein Zimmer zu bekommen. Im Hotel hatte ich kein Glück, dafür aber im Gasthaus, wo eine Reihe von Pilgern ebenfalls dieselbe Idee gehabt hatte wie ich. Ich wartete geduldig, bis ich an der Reihe war, in der Erwartung, dass für mich noch ein freies Zimmer übrigbliebe. Ich hatte Glück und nützte nach dem Beziehen des Zimmers die Zeit bis zum Abendessen, um die romantische mittelalterliche Abtei samt Nebengebäuden in der warmen Sonne des Nachmittags zu fotografieren. Zum Abendessen wurde ich in einen Speisesaal eingelassen, wo die Pilger großen Tischen zugeteilt wurden. Ich saß

Der Rolandsbrunnen auf dem Lepoeder Pass.

mit acht anderen zusammen. Wir löffelten brav die fade Suppe aus. Anschließend gab es Nudeln, auf die ich wegen meiner Glutenunverträglichkeit verzichtete. Ich gehe davon aus, dass dies für die anderen ein glücklicher Umstand war, denn sie putzen alles weg. Die anschließende Forelle war klein und vertrocknet, das Joghurt zum Dessert gezuckert. Auf dem Tisch standen auch zwei Flaschen Wein, ich versagte mir aber heute, davon zu kosten. Auf irgendetwas Verlockendes soll man ja am Freitag als Fasttag verzichten. Ich gebe gleich zu, dass es das einzige Mal auf meinem Pilgerweg war, wo ich so standhaft asketisch geblieben bin. Die erste Mahlzeit auf spanischem Boden brachte mir also – teils aus eigenem Zutun – eine Enttäuschung.

Ein erster geistlicher Höhepunkt war der Abendgottesdienst in der um 1232 erbauten Kirche der Augustinerabtei. Ich ging dorthin mit zwei jungen Amerikanern, Josh und Crystal. Außer uns gab es nur wenige Pilger, die diese Gelegenheit nutzten. Die drei geistlichen Herren des Konvents wurden unterstützt durch den Erzbischof von Pamplona, der die Heilige Messe sehr lebendig und engagiert feierte. Sein abschließender Pilgersegen zog sich über Minuten. Ich verstand leider so gut wie nichts. Der für die Abtei verantwortliche Pater zeigte uns nach der Messe noch die Krypta und den Kreuzgang. Dazu gab es dankenswerterweise ein Infoblatt auf Englisch, denn seine Ausführungen waren für mich und die Amerikanerin Crystal im wahrsten Sinn des Wortes „spanisch". Faszinierend war das Eintauchen in die Atmosphäre der mittelalterlichen Räume, in denen im Halbdunkel so vieles über den jahrhundertelangen Kampf des Christentums gegen den Islam, seine Niederlagen und Erfolge, zu erfahren und noch mehr zu erahnen war.

Noch ein paar Worte zu der von mir verschmähten Herberge: Im Lauf des Weges traf ich Pilger, die dort übernachtet hatten. Es waren zirka 100 Personen in einem Schlafsaal in Stockbetten untergebracht. Platz für die eigenen Siebensachen gab es außerhalb des eigenen Bettes fast gar nicht. Die Geräusche der Nacht sollen zudem unvergesslich vielfältig gewesen sein. Ich freute mich im Nachhinein sehr, dass ich mir das erspart hatte! Aber würde ich auf dem weiteren Weg solchen Schlafsälen entkommen?

Navarra

Samstag, 26. Oktober: Heute wollte ich möglichst nahe an Pamplona herankommen, um morgen eine Sonntagsmesse mitfeiern zu können. In kleineren Orten ist es nämlich nicht sicher, ob überhaupt eine stattfindet und wenn, ist die Zeit dafür kaum auf einen Pilgertag abgestimmt, an dem man früh wieder losmarschieren möchte.

Meine Gelenke und Muskeln zeigten durch Steifheit und leichten Schmerz an, dass sie gestern gefordert worden waren. Aber es gab nichts, was ernstere Probleme vermuten ließ. Das war schon einmal sehr erfreulich.

Der Gasthof hatte sogar glutenfreies Brot für mich zum Frühstück und ich durfte an einem eigenen Tisch sitzen. Noch im Finstern zog ich los zum Bach, weil ich dort den Pilgerweg vermutete. Falsch! Sollte ich vielleicht die Stirnlampe aufsetzen? Zumindest hätte ich gestern Abend noch den Einstieg in den Pilgerweg erkunden sollen. Ich ging zum Gasthaus zurück und dort hatten schon einige Mitpilger den vermutlich richtigen Weiterweg gefunden. Das Aufsetzen der Stirnlampe war mir zu mühsam, daher schloss ich mich ihnen an, ging den gut erkennbaren Weg durch ein Auwäldchen weiter und holte ein Paar mit Stirnlampen ein. Sie fragten mich auf Englisch, ob das der richtige Weg sei. Ich antwortete: „I hope so" und war nun doch leicht verunsichert. Gottseidank war nach dem Ende des Wäldchens schon mehr zu erkennen und die Markierung des Jakobswegs lachte mich an. Der Tag war nun nicht mehr aufzuhalten und zeigte mit Reif bedeckte, glitzernde Wiesen, blitzsaubere Dörfer und sanfte, bewaldete Hügel. Der Pilgerweg führte

Malerischer Weg am Ufer des Río Arga.

hauptsächlich über breite Wanderwege und bei dem guten Wetter war das Gehen – sah man vom Muskelkater vom Vortag ab – ein reines Vergnügen.

Zwei schnelle Pilger überholten mich, einer davon war der Amerikaner Josh von der Pilgermesse am gestrigen Abend. Diesmal war er aber in Begleitung einer anderen Dame, der Südafrikanerin Fiona, die obwohl auch nicht mehr blutjung, ein ordentliches Tempo vorgab. Nach ein paar Worten eilten die beiden weiter und ich überschritt den Erro-Pass, der den Namen „Pass" aber kaum verdient. Im Städtchen Zubiri suchte ich mir eine Bar, wo ich außer einem Salat sogar glutenfreie Nudeln serviert bekam. Beim Verlassen der Bar stieß ich auf Crystal, die Amerikanerin von der gestrigen Pilgermesse. Sie war nach den 22 Kilometern von Roncesvalles bis hierher völlig erschöpft und wollte sich ein Quartier suchen. So ist es mit den meisten Bekanntschaften entlang des Jakobsweges: Kaum hat man jemanden kennengelernt, sind die Begegnungen auch schon wieder Vergangenheit infolge der individuell unterschiedlichen Länge der Tagesetappen.

Ich wanderte noch vier Stunden weiter, meistens ging es sehr idyllisch am Río Arga entlang, bis ich etwa zwölf Kilometer an Pamplona herangekommen war. Ab hier begann ich, ein Nachtquartier zu suchen. Auf dem gesamten Camino Francés finden sich Schilder, die Quartiere, Restaurants, Massagen und ähnliche Dienste für die kommende Wegstrecke anbieten. Mehrmals wurde eine stilvolle, neue Pension angepriesen, die mein Interesse weckte. Ich kam an einer modernen Villa vorbei und glaubte, das sei die angekündigte Unterkunft. Ich läutete, nichts rührte sich. Ich versuchte die angegebene Telefonnummer – wieder nichts. Dann wurde mir bei einem Blick in meinen Reiseführer (Miam Miam Dodo) klar, dass die angepriesene Herberge ganz woanders, zwar Richtung Pamplona, aber abseits des Camino, steht. Damit wurde sie für mich uninteressant und die Suche nach einem passenden Nachtquartier ging weiter.

Ein kleines Stück entfernt vom Camino steht ein kleines Frauenkloster, das ebenfalls eine Herberge in Aussicht stellte. Ich nahm den kurzen Umweg gerne in Kauf, aber vor Ort angekommen, wies ein Schild auf die bereits bestehende Wintersperre hin. Ich schluckte meine Enttäuschung, unnötige Kilometer gegangen zu sein, hinunter. In meiner Not – die Sonne hatte sich schon verabschiedet – zog ich wieder einmal mein Smartphone und Google Maps zurate. Es zeigte mir, dass das nächste Hotel eine gute Stunde entfernt in Uharte lag, einem Vorort von Pamplona. Das passte sehr gut in meinen Zeitplan, der einzige Nachteil war, dass ich mich, um Uharte zu erreichen, vom Camino trennen und die Hauptstraße benutzen musste. Das Hotel war top, aber das angebotene Abendessen wieder einmal zu spät für mich angesetzt. In den spanischen Restaurants gibt es ein Abendessen meist erst ab 21 Uhr. Nur wenn viele Pilger erwartet werden, ist man bereit, früher aufzukochen. So trug ich mir von der Bar ein Glas Wein mit aufs Zimmer und nahm mit dem vorlieb, was mein Rucksack noch hergab. Das Frühstück war für 7 Uhr angekündigt. Das würde mir genug Zeit lassen, die Sonntagsmesse in der Kathedrale von Pamplona zu erreichen, die um 10 Uhr stattfinden würde. Bis dorthin rechnete ich mit zwei Stunden Fußmarsch. Ich freute mich auf den nächsten Tag und ging zufrieden ins Bett.

Sonntag, 27. Oktober: Der Morgen des Sonntags begann mit einer unangenehmen Überraschung: Ich ging um 7 Uhr hinunter in den Keller, wo das Frühstück gerichtet sein sollte: alles verschlossen. In der Bar traf ich schon jemand vom Personal an und fragte, wie das mit dem Frühstück um 7 Uhr sei. Leicht entschuldigend bekam ich zur Antwort, dass es aber doch erst 6 Uhr sei. Ich hatte die Zeitumstellung in der vergangenen Nacht übersehen! Ich überlegte, was das für meinen Zeitplan des heutigen Tages bedeutete. Entweder ohne Frühstück losmarschieren

Romanische Magdalenenbrücke vor Pamplona.

oder einfach alles eine Stunde später machen! Als mir bewusstwurde, dass die Sonntagsmesse ja auch eine Stunde später beginnen würde und ich vom sofortigen Losmarschieren nichts hätte, ging ich noch einmal aufs Zimmer und legte mich wieder hin. Eine Extraportion Schlaf konnte nicht schaden.
Nach dem Frühstück zog ich los und steuerte die Kathedrale von Pamplona an. Pamplona ist die Hauptstadt der autonomen Baskenprovinz Navarra mit etwa 200 000 Einwohnern und einer reichen Geschichte. Bei uns ist Pamplona hauptsächlich bekannt durch das Fest Sanfermines, das im Juli eine Woche lang gefeiert wird und im Zuge dessen der berühmte Stierlauf stattfindet, bei dem Stiere durch die Stadt getrieben werden.
Den größten Teil der Strecke begleitete ich wieder den Río Arga in einem ausgedehnten Stadtpark, wo mir viele Spaziergänger und Jogger begegneten. Über die Magdalenenbrücke führt der

Pilgerweg zur Stadtmauer und in die Altstadt. Um zehn vor zehn traf ich in der Kathedrale ein, wo in einer Seitenkapelle die Vorbereitungen auf die Heilige Messe im Gang waren. Ernst dreinblickende Ordner sorgten dafür, dass Touristen keinen Zutritt zu der Seitenkapelle erhielten, wo der Gottesdienst gefeiert werden sollte. Ich konnte begreiflich machen, dass ich mitfeiern wollte und stellte meinen Rucksack in Sichtweite ab. Er enthielt alle meine Wertsachen. Das ließ der Ordner aber nicht zu und ich musste ihn an einem Ort abstellen, wo ich ihn kaum mehr unter Kontrolle hatte. Ich fügte mich gottergeben in mein Schicksal. Hoffentlich wäre er noch unberührt, wenn ich ihn wieder abholte! Spezielle Hefte wurden verteilt. Der Priester zog mit einer kleinen Prozession ein und die Messe nahm ihren ungewöhnlichen Lauf. Sie wurde nämlich nach tridentinischem Ritus gefeiert, also nur auf Latein. Zu diesem Zweck waren auch die Hefte verteilt worden, sonst hätten auch die Einheimischen nicht entsprechend mitfeiern können. Ich merkte, dass der Ablauf und die Zeremonien unter Einhaltung aller vorgeschriebenen Details akribisch genau erfolgten. Zum Beispiel setzte der Priester für die Predigt eine eigene Kopfbedeckung auf. Der vorher so streng und asketisch, fast beamtenhaft wirkende Geistliche verwandelte sich bei der Predigt in einen feurigen Redner, der mit weit ausladender Gestik seine Zuhörer zu überzeugen versuchte. Ich war beeindruckt, obwohl ich nichts verstanden habe. Meine Eltern, Gott hab sie selig, die in den letzten Jahren ihres Lebens feurige Anhänger der tridentinischen Messe waren, hätten ihre Freude daran gehabt.

Nach der Messe gönnte ich mir in einem kleinen Café einen Espresso. In einem winzigen Laden deckte ich mich mit Proviant für die Mittagsjause ein. Einen Restaurantbesuch hatte ich nämlich wegen des durch die Zeitumstellung kürzeren Tags streichen müssen. Aber der Besuch eines Cafés musste schon drin sein.

Der Weitermarsch durch die Straßen Pamplonas gestaltete sich schwieriger als erwartet. Es waren zwar keine Stierherden, die

mir entgegenfluteten, aber Menschenmassen. Eine Laufveranstaltung, aufgrund der rosa Leibchen ging ich von einem Diversity Motto aus, hatte Tausende mobilisiert. Sportler, Mütter mit schlafenden Babys im Kinderwagen, Menschen mit Stock, Jung und Alt kamen mir entgegen und füllten dabei die Fahrbahnen und Gehsteige aus. Der Strom der Läufer und Gehenden wollte nicht abreißen. Leider musste ich in die entgegengesetzte Richtung. Doch irgendwann wurde die Menge dünner und ich konnte endlich wieder ungehindert weitergehen. Ich kam an einem Café vorbei, in dem sich gerade eine Bekannte von gestern, die Südafrikanerin Fiona, niedergelassen hatte. Gerne hätte ich mich zu ihr gesetzt, denn ich hatte den Eindruck, dass sie das hoffte. Aber ich war ja gerade eingekehrt und bei der Kürze des restlichen Tages würde sich ein zweites Mal nicht ausgehen, wenn ich mein Tagesziel vor dem Dunkelwerden erreichen wollte. Also – nach ein bisschen Konversation – *Ultreia:* Immer weiter!
Dieses *Ultreia* ist das Motto aller Jakobspilger.

Nach Pamplona geht es allmählich sanft ansteigend auf den Alto del Perdon, einen Pass, der bei uns eher unter die Kategorie Hügel fallen würde. Während des aussichtsreichen Anstiegs hielt ich auf einem Dorfplatz kurze Mittagsrast.

Beim Weitergehen überholten mich etwa 20 Reiterinnen und Reiter im Galopp – ein beeindruckender Anblick!
Ebenfalls beeindruckend, aber weniger erfreulich war dann beim Weitergehen auch die Hinterlassenschaft der Pferde: Es hieß, gut aufpassen, um nicht auf Pferdeäpfel zu treten, die zahlreich die Straße schmückten. Dem Geruch konnte ich aber leider nicht entfliehen. Bald hatte ich den Pass erreicht. Blecherne Silhouetten eines Pilgerzuges bilden dort den Tribut an die moderne Kunst und eine Batterie von Windrädern drehte sich – nicht. Kaum zu glauben: Erst vorgestern war ich mit rund

Dorf am Anstieg zum Pass Puerto del Perdon.

hundert anderen Pilgern unterwegs gewesen, heute war mir bis auf Fiona im Caféhaus noch niemand begegnet. Deshalb war ich fast erleichtert, als ich beim Abstieg kurz mit einem irischen älteren Paar ins Gespräch kam. Sie wollten nur für ein paar Tage auf dem Jakobsweg wandern. Um mit ihnen länger zu plaudern, gingen sie mir aber zu langsam, also eilte ich weiter. Zu guter Letzt überholte ich dann noch zwei asiatische Pilger, von denen der eine erbarmungswürdig hatschte.

Es dämmerte schon, als ich mein Tagesziel, Puente la Reina erreichte. In diesem Städtchen befindet sich die wohl berühmteste Brücke des Camino Francés. Schon am Ortsanfang kam ich bei einem Gasthof vorbei, der genau meinen Ansprüchen zu entsprechen schien. Aber ich wollte heute unbedingt noch die berühmte Brücke fotografieren, denn beim Verlassen der Stadt morgen früh würde es wohl wieder dunkel sein. Also ging ich

Die Brücke Puente la Reina wurde von der navarresischen Königin Dona Mayor, Frau des Königs Sancho Mayor, oder ihrer Schwiegertochter gestiftet.

fast eine halbe Stunde in die Stadt hinein bis zur „Königinnen-Brücke“ aus dem 11. Jahrhundert. Flussüberquerungen waren für Pilger gefährlich, daher konzentrierten sich die Pilgerströme auf diese Brücke. Dort siedelte sich dann die Bevölkerung an und so entstand der Ort, dem die Brücke ihren Namen gab. Ich hielt es für wahrscheinlich, dass ich im Zentrum der Stadt auch noch ein passendes Quartier finden würde. Bei noch ausreichendem Fotolicht erreichte ich das Ufer unterhalb der Königinnenbrücke.

Freudig begrüßte mich dort eine junge, nicht ganz schlanke Frau aus Paris, die mich offensichtlich verwechselte. Denn ich war ihr zuvor noch nicht begegnet. Wir machten uns aus, dass sie mich und ich sie fotografieren sollte. Sie setzte sich hin, um mich zu knipsen. Dann war ich dran. Um sie und die gesamte Brücke ins Bild zu bringen, ging ich in die Knie. Zack, lag ich auch schon auf dem Boden. Nach mehr als 30 Kilometer Gehen versagten mir meine Beine diese ungewohnte Beanspruchung. Die junge Pariserin stürzte herbei, um mir aufzuhelfen. Wie peinlich! Eine junge Dame, die einem alten Mann auf die Beine hilft! Die nette junge Dame empfahl mir dann noch eine App zum Camino Francés, mit der man zum Beispiel die nächsten Quartiere, die Entfernungen, aber auch die Route im Internet abrufen konnte. Jetzt ging es an die Quartiersuche. In die nahe gelegene Herberge wollte ich nicht, Hotel oder Pension gab es nicht, also musste ich wohl oder übel wieder die halbe Stunde zurück an den Ortsanfang, wo mir das passende Hotel schon untergekommen war. Dort wurde mir von der Kellnerin die Wahl zwischen Hotelzimmer und Herbergsbett eingeräumt. Ich wählte das teurere Zimmer und frage nach einer Möglichkeit, die Wäsche zu waschen. Ich war froh, dass ich die Wochen vor meiner Pilgerfahrt fleißig Spanisch gebüffelt hatte. Dank meiner zwar noch etwas lückenhaften Sprachkenntnisse konnte ich zumindest meistens ausdrücken, was ich gerade benötigte. Das war deshalb besonders wichtig, da in den Tourismusbetrieben in Spanien meist nur ein Teil des Personals über Englischkenntnisse verfügt. Problematisch wurde es für mich allerdings, wenn man mir schnell auf Spanisch antwortete und das war eigentlich fast immer der Fall. Die Kellnerin – sie war an diesem Abend Mädchen für alles – verkaufte mir einen Chip um drei Euro für die Waschmaschine und zeigte mir die Anlage im Keller. Sie bestand aus einem Automaten mit Plastikbällen, die das Waschmittel enthielten, und dem Waschautomaten. Ich sagte ihr, dass ich alles verstanden hätte und ging auf mein Zimmer, um mich auszuziehen und zu duschen, denn die getragene Wäsche sollte mit in die Waschmaschine. Ich ging wieder in den Keller und steckte den für drei Euro erstandenen Chip in den Automaten mit den Bällen für das Waschmittel. Der Chip blieb stecken und ging auch nicht mehr heraus. Es blieb mir nichts anderes übrig, als einen Stock höher zu gehen, um die Kellnerin um Hilfe zu bitten. Im vorher

beinahe leeren Gastzimmer hatte sich die Lage mittlerweile entscheidend verändert. Der Raum war gefüllt mit Einheimischen, die an der Bar etwas tranken und Pilgern, die etwas zu essen wollten. Die Kellnerin als einzige Bedienung sauste in großem Stress hin und her und es wurde mir bewusst, dass ich nun einige Zeit zu warten hätte, bis sie mit mir in den Keller gehen konnte. Also bestellte ich mir in der Zwischenzeit auch etwas zu essen. Ich berichtete der Kellnerin von meiner Gluten-Unverträglichkeit und sie nannte mir daraufhin eine Paella als passend. Das klang hervorragend und ich hatte mich schnell entschieden. Sie fuhr aber fort mit der Aufzählung von Speisen, die ich nicht verstand. Bei irgendeinem Gericht sagte ich dann ja, nur um Ruhe zu haben. Die Paella samt einem Rotwein aus Navarra schmeckte mir ausgezeichnet und ich putzte alles weg. Jetzt wäre noch ein Dessert gut gewesen. Ich sagte das der Kellnerin, aber sie winkte ab. Ein paar Minuten später brachte sie mir ein riesiges Bein eines Federviehes (viel größer als ein Hühnerbein) samt Pommes frites. Ich befand mich offensichtlich mitten in einem Pilgermenu. Der erste Gang war die Paella, der zweite das Federvieh und der dritte dann das Dessert. Mir hätte die Paella leicht gereicht, aber was soll's, dachte ich, die Hauptspeise konnte ich auch noch verdrücken. Das Dessert musste ich dann doch ablehnen.
Im Gastraum war es schon etwas ruhiger geworden und die Kellnerin fand Zeit, mit mir in den Keller zu gehen. Sie entdeckte die steckende Münze im Ball-Automaten und bekam sie mithilfe eines Messers wieder heraus. Dann verlangte sie von mir noch einen Euro, den sie in den Ball-Automaten warf. Den Drei-Euro-Chip hingegen versenkte sie im Waschautomaten, nachdem sie den Ball aus dem ersten Automaten geöffnet und ein Säckchen mit Waschmittel herausgenommen hatte. So hatte mein Irrtum auch etwas Gutes: Wenn ich den Ball herausbekommen hätte, wäre er von mir mit Sicherheit als Ganzes in den Waschautomaten hineingeworfen worden und nicht der Inhalt. Ende gut, alles gut!

Montag, 28. Oktober: Am nächsten Morgen ging ich in die Gaststube hinunter, wo neben verschiedenen Pilgerinnen und Pilgern auch Einheimische ihren Morgenkaffee zu sich nahmen. An meinem Nebentisch saßen zwei Damen, die sich in einer fremden Sprache unterhielten. Sie wirkten sehr gegensätzlich, zumindest in ihrem Aussehen. Die eine schätzte ich auf etwa 60 Jahre, sie war auch schon weißhaarig. Die andere wirkte etwa halb so alt, war dunkelhäutig und gutaussehend. Wegen der fremden Sprache kam ich mit ihnen – vorerst – nicht ins Gespräch. Vom übernächsten Tisch hörte ich das erste Mal nach vier Tagen deutsche Worte. Es waren zwei Münchnerinnen, ungefähr in meinem Alter, zu denen ich mich setzte, weil es mir guttat, in der Muttersprache zu reden. Im Gespräch stellte sich heraus, dass wir alle schon mit Enkelkindern gesegnet waren und die Großmütter tauschten mit dem Großvater Erfahrungen aus. Als ich dann loszog, war es längst hell. Irgendwie hatte ich die Zeitumstellung doch noch nicht ganz verinnerlicht, denn der gestrige Marsch zur Königinnenbrücke wurde dadurch völlig überflüssig. Ich hatte jetzt das bessere Fotolicht und nach dem Tagespensum von rund 30 Kilometern hätte ich mir die zusätzliche Stunde Fußmarsch gestern sparen können. So passierte ich nach einer schwachen halben Stunde noch einmal die berühmte Brücke. Die nette Pariserin von gestern Abend erblickte ich allerdings nicht mehr. Mein Ziel für diesen Tag war das 31 Kilometer entfernte Villamayor de Monjardín.
Am Vormittag wanderte ich durch ausgedehnte Weinberge und Felder Navarras bei angenehmen Temperaturen und bewölktem Himmel. In dem Dorf Villatuerta wollte ich zu einer Mittagsrast einkehren, aber ich fand nur Bars, die wenig ansprechendes Fast Food anboten. So ging ich weiter und traf auf die zwei unterschiedlichen Damen, die heute Morgen am Nebentisch gesessen waren und kam mit ihnen ins Gespräch. Es stellte sich heraus, dass sie aus Dänemark kamen, und sie sprachen Deutsch, als wäre es ihre Muttersprache. Sie pilgerten den

Camino in Jahres-Etappen und würden vom nächsten größeren Ort, Estella, wieder heimfahren und nächstes Jahr ihren Weg hier wieder fortsetzen. Das Gepäck ließen sie sich immer zum nächsten Tagesziel fahren. Dann erzählte die wie ein Model aussehende Dunkelhäutige, dass sie vor 45 Jahren als Jugendliche in Kitzbühel einen wunderbaren Skiurlaub gemacht habe. Ich war sprachlos. Nicht wegen des Skiurlaubs in Kitzbühel, sondern wegen der Jahre. Ich hätte ihr – ihrem Aussehen nach – nicht einmal vierzig Jahre gegeben. Vielleicht hätte ich ihr das sagen sollen und sie hätte sich darüber als Kompliment gefreut, aber mir fehlten die Worte, dass ich mich beim Aussehen von Frauen so schlecht auskenne. Denn sie hat vom Alter her offensichtlich doch gut zur Weißhaarigen gepasst. Bei einer etwas abseitsstehenden Kirche bogen die zwei ab, um sie zu besichtigen. Ich verzichtete darauf, denn die kleinen Kirchen in Spanien sind außerhalb der Gottesdienst-Zeiten immer geschlossen. Der Weg nach Estella zog sich dann noch ordentlich, ich glaubte schon, irgendetwas stimme nicht an meiner Route. Die Route stimmte dann doch, nur meine Zeiteinschätzung nicht.
Estella wurde im 11. Jahrhundert als Frankensiedlung zur Betreuung der Jakobspilger von Sancho Ramirez gegründet. Spanier durften sich hier in der ersten Zeit nur mit Zustimmung des jeweiligen Königs ansiedeln. In der Stadt stehen ein romanischer Königspalast und drei beeindruckende romanische Kirchen, eine davon ist dem Heiligen Grab gewidmet. Ich bin seit 25 Jahren Ritter vom Heiligen Grab zu Jerusalem, ein päpstlicher Ritterorden zur Unterstützung der Christen im Heiligen Land. Da freute es mich besonders, hier sozusagen einer spanischen Außenstelle zu begegnen.

War der Anmarsch zur Stadt schon länger als erwartet, so forderte auch der Gang durch die Altstadt Geduld: Kein einziges Restaurant war zu finden. Erst danach, bereits in der Neustadt, verriet mir das Internet eine nahe Gaststätte. Ich durfte in einem

Kirche de San Pedro de la Rúa in der Königsstadt Estella-Lizarra.

gut gefüllten Speisesaal Platz nehmen. Es wirkte eher wie eine Werkskantine. Dafür wurde mir das Essen schnell gebracht und kostete auch nicht viel. Danach galt es wieder einmal, mit Würde und Überwindung die ersten Schritte zu tun, um bei den anderen Gästen nicht Mitleid oder Aufsehen – oder beides – zu erregen. Denn das steife und schmerzende „Gestell" hätte eine längere Ruhepause dem Wandern wohl vorgezogen. Aber bald hatten sich die Muskeln erholt und ich kam wieder in Form.
Der nahe Nachmittag versprach eine in der Welt vermutlich einzigartige Besonderheit: Eine kostenlose Weinquelle! Beim Kloster von Irache, mit einem kleinen Umweg zu erreichen, hat die zugehörige Weingenossenschaft diese Wohltat für ausgelaugte Pilger eingerichtet. Das wollte ich mir natürlich nicht entgehen lassen und machte mich auf den Umweg. Ich hatte mir eigens dafür in einem Supermarkt in Estella eine Halbliterflasche

Der Weinbrunnen im Kloster von Irache.

Mineralwasser gekauft, die ich – nach dem Austrinken – an der Weinquelle anfüllte. Der Wein aus der Quelle war – als Landwein – ausgezeichnet. Die Quelle ist videoüberwacht, damit kein Missbrauch getrieben wird. Nur ein kleiner Schluck, dann ging es weiter.

An diesem Nachmittag traf ich keinen anderen Pilger mehr, sie waren offensichtlich alle in Estella geblieben.

Wieder einmal zog sich der Weg in die Länge. Zwei Kilometer, also eine halbe Stunde vor meinem definierten Ziel Villamayor de Monjardín, hatte ich endgültig genug für diesen Tag. Eine Herberge *(casa rural)* im kleinen Ort Azqueta, leuchtete wunderschön in der Abendsonne. Deshalb fragte ich um Quartier. Die sehr nette Dame wirkte äußerst erfreut über meine Nachfrage und zeigte mir im Erdgeschoß des Hauses den für zwei Pilger reservierten Raum und den über einen Gang erreichbaren

Waschraum samt Dusche. Sie behandelte mich, als wären wir bestens befreundet. Den Grund fand ich nicht heraus, vielleicht war sie zu allen Pilgern so. Weil sie so freundlich zu mir war, nahm ich das Angebot bei ihr zu Abend zu essen und auch das Frühstück zu bekommen, gerne an. Aber eigentlich habe ich keine andere Wahl gehabt, denn in dem kleinen Dorf hätte es sicher keine andere Möglichkeit gegeben. Ich blieb an diesem Abend der einzige Pilger, bekam ein frisches Leintuch und einen Kopfpolsterüberzug, jedoch kein Handtuch. Das ist der übliche Standard in allen Herbergen. Die Waschküche war eine Enttäuschung: Es gab nur kaltes Wasser. Deshalb heizte ich mit dem Wasserkocher eines auf und wusch meine Wäsche mit dem bisschen warmen Nass. Dass die Wäsche trocken würde, war nicht zu erwarten, denn die Sonne war schon untergegangen. Der halb aus unverputzten Natursteinen bestehende Herbergs-Raum wirkte gemütlich, aber die Raumtemperatur war es nicht. Der Wirtin war das bewusst und sie brachte mir deshalb ein Gasheizgerät. Dessen Wirkung war nicht gleich zu spüren und so machte ich es mir mit einer Decke auf der Couch gemütlich.

Irritiert hat mich, dass ein Anklopfen in diesem Haus wohl nicht üblich war. Außerdem dürfte ich recht interessant gewesen sein, aus welchem Grund auch immer. Zuerst schaute ein Nachbar herein, dann zeigte mich die Wirtin ihrer Tochter. Dann brachte sie das Abendessen und später noch das für morgen früh vorbereitete Frühstück, immer ohne anzuklopfen. Ich verzehrte das reichhaltige Abendessen und machte meine Vorbereitungen für die Nacht. Dazu gehörte das Abschalten des Gasheizgeräts, denn ganz geheuer war es mir nicht. Außerdem stellte ich einen Sessel unter die Klinke der Tür. Damit war ich vor überraschenden Störungen ohne Anklopfen sicher.

Rioja

Dienstag, 29. Oktober: Es gab keine Störungen mehr in der Nacht. Trotzdem schlief ich sehr schlecht. Vielleicht war das Abendessen zu üppig gewesen? Krämpfe und Hautjucken ließen mich einen Mangel an Magnesium vermuten. Ich nahm mir vor, bei nächster Gelegenheit in einer Apotheke welches zu besorgen. Das vorbereitete Frühstück mit rund einem Liter Kaffee konsumierte ich noch bei Dunkelheit. Ich trinke zwar normal nur eine Tasse, aber an so einem Pilgertag kann man gar nicht genug Flüssigkeit in sich hineinschütten. So konnte ich im ersten Licht des Tages schon um 7.30 Uhr aufbrechen. Auf einem Schild wurde man nämlich aufgefordert, die Herberge bis spätestens 8 Uhr zu verlassen. Trotz der super-freundlichen Wirtin hatte ich mich in dieser *casa rural* nicht wirklich wohlgefühlt. Die noch nasse, am Vorabend gewaschene Wäsche baumelte an meinem Rucksack.
Auf dem Pilgerweg ging es bald an dem interessanten Bauwerk des Maurenbrunnens vorbei. Eine Burgruine auf einem darüberliegenden Berg gab Zeugnis von den Kämpfen zwischen den Christen und Mauren, die hier offensichtlich stattgefunden haben. Im Dorf Villamayor de Monjardín, meinem nicht erreichten Tagesziel von gestern, wollte ich meine leeren Flaschen auffüllen, denn es lagen drei Stunden Wanderung ohne menschliche Behausung vor mir. Das Dorf lag noch in tiefster Nachtruhe, keine wache Seele ließ sich auf den Straßen blicken. Jedoch hatte ich so viel Kaffee getrunken, dass ich mir auch drei Stunden Marsch ohne Trinken bis nach Los Arcos zutraute.

Durch eine endlose Weite auf Los Arcos zu.

Unendlich lange Straßen, gesäumt nur von eintönigen Feldern, beschritt ich die nächsten Stunden. Ich war in die stark meditativen Strecken des Camino eingetaucht. Man sieht den Weg schon kilometerweit vor sich. Die Landschaft bietet dem Auge keine Abwechslung. Der Untergrund des Weges ist gleichmäßig, sodass man nicht darauf achten muss, wohin man tritt. So richtet sich das Auge nach innen und versenkt sich entweder ins Gebet oder spürt den Gedanken und Erlebnissen im ganz persönlichen Kosmos nach.
Trotz allem freute ich mich, als endlich der nächste Ort, Los Arcos, auftauchte. Hier konnte ich mich auch wieder mit Wasser eindecken und etwas später bekam ich in einer Apotheke das schon dringend benötigte Magnesium.
Hier beginnt auch irgendwo die weltberühmte Weinbauregion Rioja. Den ganzen Vormittag hatte ich keinen Pilger getroffen, erst in der Kleinstadt Torres del Río rasteten einige vor einer Bar. Auch für mich war es Zeit, Mittagspause zu machen. Ich fand ein warmes Jausen-Platzerl in der Sonne und versorgte mich aus meinem Rucksack. Der Käse mit dem in Irache abgefüllten Rotwein schmeckte wunderbar.
Weiter ging es, vorbei an Schafherden und dann an immer mehr bereits abgeernteten Weinfeldern.

Um 15.30 Uhr sah ich ein Hinweisschild, wonach es nach Logrono noch 9,8 Kilometer sein sollen. Logrono ist die Hauptstadt der Region Rioja mit etwa 150 000 Einwohner. Hier befand sich bereits vor den Römern der Hauptort eines Keltenstammes. Meinen Einschätzungen zufolge sollte ich es nach Logrono bis 18 Uhr schaffen. Ich war zwar an diesem Tag schon 32 Kilometer gegangen, aber es klang schon sehr verlockend, bis dort weiterzuwandern, denn um 18 Uhr war es gerade noch hell. In einer großen Stadt lässt sich besser ein passendes Quartier finden. Eine zweite Nacht in einer Herberge wollte ich schon wegen der Körper- und Wäschehygiene vermeiden. Umso größer

Von Navarra in die Rioja.

war meine Enttäuschung, als ich nach einer halben Stunde das Städtchen Viana erreichte, wo die Kilometerangabe bis Logrono mit 11,7 lautete. Das wäre wiederum eine Zeit nach 19 Uhr, also schon nach Einbruch der Dunkelheit, gewesen. In meiner Verärgerung wollte ich auch nicht in dieser mich frustrierenden Stadt bleiben, sondern zog wieder einmal das Smartphone zurate. Dort wurde ein Hotel in Logrono in acht Kilometern Entfernung angegeben. Das würde meiner Zeitplanung mit 18 Uhr entsprechen. Es ist eben alles relativ, sogar die Entfernung zwischen zwei Orten, je nachdem welchen Weg man nimmt. Ich trennte mich vom Camino, der in einem Kilometer-zehrenden Zick-Zack auf Logrono zusteuerte, und ging die ersten vier Kilometer auf der unendlich langen, schnurgeraden Hauptstraße. Diese ist nicht für Fußgänger ausgelegt, beim Herannahen eines LKW-Zuges wich ich vorsichtshalber immer aufs Bankett aus.

Nach rund einer Stunde traf ich wieder auf den Camino, der in seinem Zick-Zack die Hauptstraße querte. Ich wechselte wieder auf den Camino, denn ab jetzt führte er an der alten Straße entlang ziemlich direkt nach Logrono hinein. In der Abenddämmerung, so um 18 Uhr, traf ich dann, nach 42 Kilometern schon etwas ausgelaugt, in der Altstadt ein. Aber die Frustrationen an diesem Tag waren noch nicht zu Ende. In den beiden Hotels, wo ich um ein Zimmer fragte, war alles belegt. Im zweiten bot man mir jedoch eine Dependance an, in der Appartements vermietet wurden. Ich nahm das Angebot an und suchte die Dependance auf. Das hört sich jetzt nicht weiter schwierig an, aber die Objekte wollten in der belebten Innenstadt erst gefunden werden und nebeneinander lagen sie auch nicht gerade, sodass ich noch weitere Kilometer unter die Sohlen nehmen musste.
Endlich erreichte ich erschöpft das Quartier. Ich bekam ein Familienappartement zu einem Preis zugewiesen, den auch ein einfaches Zimmer gekostet hätte. Die Zimmerflucht war modern und bestens ausgestattet. Ich hätte tatsächlich noch eine Familie einladen können und das Fernsehen wäre in zwei verschiedenen Räumen möglich gewesen. Ich genoss die moderne Dusche. Dann brachte ich die Wäsche in den Keller, wo eine Waschmaschine kostenlos zur Verfügung stand und stellte – mit etwas Rätselraten – das passende Programm inklusive Trocknen ein. Auf das Ergebnis wollte ich nicht im Keller warten.
Nun zog es mich noch einmal in die belebte und moderne Innenstadt, wo ich vorerst einiges fürs Frühstück besorgte. Dann suchte ich mir ein Restaurant. Alle öffneten ihre Pforten erst ab 20.30 Uhr. Als einzige Ausnahme fand ich ein Grillrestaurant, das mich schon um 20 Uhr einließ. Ich wollte nicht noch eine halbe Stunde warten und setzte mich also in das Grillrestaurant. Es war offensichtlich ein In-Lokal, sehr modern mit lauter feschen Leuten, aber das Speiseangebot bestand nur aus Bocadillos. Das sind Brötchen in allen möglichen Varianten. Das war für mich Gluten-Muffel natürlich ein Problem. Der Kellner

konnte mir keine Alternative anbieten, aber gehen wollte ich auch nicht mehr, denn vom Glas Rioja hatte ich schon genippt. Also sagte ich dem Kellner, er solle mir einfach ein Beefsteak und Patatas (Kartoffel) bringen. Das war ihm recht. Was brachte er? Ein Beefsteak in einem Bocadillo und keine Kartoffeln! Ich war schon zu erschöpft, um noch aufzubegehren und begann das Bocadillo – ohne Rücksicht auf meine Gluten-Problematik – zu verzehren. Erst als ich schon halb durch war, kamen doch noch die Kartoffeln. So sündigte ich wenigstens nur mit einem halben Brötchen. Die Folgen am nächsten Tag würden hoffentlich nicht zu arg werden. Ich verließ das Grill-Restaurant, da rief mir jemand nach. Es war der Kellner, ich hatte mein Handy liegen gelassen. Ich war gedanklich wohl schon in die Kissen geschlüpft. Zurück im Quartier holte ich dann noch die Wäsche aus dem Keller. Zum Abschluss dieses strapazierenden Tages war das ein richtiges Erfolgserlebnis: Ich hatte die Waschmaschine richtig bedient und die Wäsche war sogar schon trocken. Kurz vor dem Einschlafen lud ich mir noch die App zum Camino Francés, die mir die junge Pariserin in Puente la Reina empfohlen hatte, auf mein Handy. Das halbe Brötchen machte sich in der Nacht mit einem dringenden Gang zur Toilette bemerkbar. Hoffentlich würden mich morgen keine schlimmeren Beschwerden plagen?

Mittwoch, 30. Oktober: Am nächsten Morgen bereitete ich mir in meiner Familien-Suite ein Frühstück. Die gestern gekauften Trauben samt Joghurt waren erfrischend, den letzten Rest Ziegenkäse würgte ich nur mit Widerwillen hinunter. Gestern Mittag zum Rotwein hatte er noch so gut geschmeckt! Das gestrige Sündigen gegen meine Diätvorschriften bereitete mir keine Probleme mehr. Vor dem Quartier konnte ich erstmals meine Camino-App nutzen, um von meinem Standort wieder zum Jakobsweg zurückzufinden. Ich war circa eine halbe Stunde von der Route entfernt und versuchte, möglichst ohne Umweg

wieder dorthin zu gelangen. Das war jedoch ein Fehler: Dadurch musste ich eine Schnellstraße entlanggehen, auf der Fußgänger nicht willkommen waren. Ich wich daher auf das Bankett mit ungepflegtem Bewuchs aus. Das war zwar gefahrlos, aber trotzdem fatal. In der ungepflegten Wiese befanden sich jede Menge Kletten, die sich an meinen Hosenbeinen unglaublich hartnäckig mit hunderten Fasern festkrallten. Durch Zupfen brachte ich nur die ärgsten weg, der Rest musste eben mit.
An diesem Tag war ich sehr müde. Die 42 Kilometer Strecke vom Vortag und die zusätzlichen Stadtwege hatten mich ganz schön geschlaucht und steckten mir noch in den Beinen. Deshalb wollte ich es heute gemütlicher angehen. In langsamem Tempo schlenderte ich den ganzen Vormittag durch die Weingärten Riojas. Der Boden sah trocken, staubig und vor allem unglaublich steinig aus. Erstaunlich, dass diese Erde einen so guten und weltberühmten Wein hervorbringt. Mittags kam ich in das Städtchen Navarrete, das über eine beeindruckende Pfarrkirche verfügt. Reich ausgestattet ist besonders der Hochaltar wie in so vielen Kirchen im Osten Spaniens. Mit dem Einwurf einer Münze konnte ich ihn sogar in voller Festbeleuchtung bestaunen.

Die Landschaft änderte sich auch am Nachmittag nicht. Heute wurde ich ständig überholt und kehrte auch zweimal in Bars ein. So kannte ich mich selbst nicht. Nach 30 Kilometern, im Städtchen Nájera, war dann Schluss. Ich fand ein Hotel, das genau meinen Bedürfnissen entsprach. Der sehr nette Gastwirt empfahl mir ein Restaurant gleich um die Ecke und reservierte mir für den nächsten Tag ein Nachtquartier in Granon. Das erschien mir notwendig, weil ich in diesem kleineren Ort keine unangenehmen Überraschungen erleben wollte. Auch für meinen Gastwirt merkwürdig war, dass die Dame am Telefon noch

Prachtvolle Altarfassade in der Kirche von Navarrete.

vor der Bestätigung der Reservierung das Gespräch abbrach. Hatte ich nun für morgen Abend ein Quartier oder nicht?

Donnerstag, 31. Oktober: Beim Frühstück am nächsten Tag saß ich zusammen mit einer Gruppe Spanier im Speisesaal. Sie waren gewandet wie Pilger. Da wir zusammen aufbrachen, war es klar für mich, ein Stück des Weges mit ihnen zu gehen. Mit einem Herrn, vermutlich etwas jünger als ich, kam ich ins Gespräch. Er erzählte mir, dass sie mit dem Auto angereist seien, um zum verlängerten Wochenende einige Etappen des Camino zu wandern. Nach etwa 10 Minuten waren wir angelangt, ja, wo? Bei ihren Autos! Ich überprüfte auf meiner Jakobsweg-App: Der Camino verlief in entgegengesetzter Richtung! Eigentlich kenne ich das vom Skitourengehen: Folge nie einfach anderen, ohne das eigene Hirn einzuschalten!

Nach einem guten Kilometer Extratour war ich wieder in der Nähe des Hotels und begann nun erst richtig meinen Pilgertag. Es ging rund 20 Kilometer auf und ab durch Weingärten und Felder. Erhebend war die Weite des Horizonts und die stille Harmonie der Landschaft. Der Himmel war bewölkt, die Wolken ließen manchmal ein paar Tropfen Regen aus und die Luft roch nach nächtlichem Regen erdig und rein. Heute fühlte ich mich das erste Mal nach den Pyrenäen richtig gut drauf und schritt kräftig aus. Mittags wollte ich nämlich die Kathedrale in Santo Domingo de la Calzada besichtigen und fürchtete, dass diese ab 14 Uhr wegen der allgemeinen Siesta geschlossen sein würde. Von den abgeernteten Weinstöcken pflückte ich mir einige taufrische, zuckersüße Reben, die hängengeblieben waren.

Im Lauf des Vormittags überholte ich die Gruppe Spanier, mit denen ich gemeinsam gefrühstückt hatte. Sie mussten ein Stück des Weges mit dem Auto gefahren sein, denn heute war meiner Einschätzung nach niemand schneller als ich. Eine Stunde vor Santo Domingo überholte ich noch eine Gruppe Koreaner.

Der erste Blick auf Santo Domingo de la Calzada.

Mit einem von ihnen, damals schon mit Mund-Nasen-Schutz, führte ich ein interessantes Gespräch. Er schwärmte jetzt schon davon, welche Jakobswegrouten er als Nächstes machen werde. Viele Koreaner lieben den Jakobsweg und deshalb sind sie am Camino auch zahlreich vertreten. Der Vermummte hatte als einziger eine Zeit mit mir Schritt gehalten. Dann wollte er aber wieder auf seine Gruppe warten. Zum Abschied klopfte er mir auf die Schulter und sagte „good bye, strong man". Ich fühlte mich geschmeichelt, sein Kompliment entsprach aber meinem Selbstempfinden an diesem Tag.

Zur Mittagszeit traf ich in Santo Domingo de la Calzada ein. Der Ort ist nach dem heiligen Domingo benannt, der zur Betreuung der Jakobspilger diesen Ort gegründet haben soll. Ihm wird auch das sogenannte Hühnerwunder zugeschrieben:

Im Mittelalter pilgerten Eltern mit ihrem 18-jährigen Sohn den Jakobsweg. In einer Herberge gefiel der junge Mann einer Kellnerin sehr gut. Dieser wehrte aber ihre Avancen ab. Aus Rache schmuggelte ihm die Kellnerin einen Silberbecher in das Gepäck und beschuldigte ihn am nächsten Morgen des Diebstahls. Der junge Mann wurde gefangengenommen und nach kurzem Prozess, wie alle Silberdiebe, am Galgen aufgeknüpft. An dieser Stelle kennt die Geschichte nun mehrere Varianten: Nach der ersten haben die verzweifelten Eltern zum Ortsheiligen Domingo gebetet und trafen ihren Sohn nach einiger Zeit noch lebend am Galgen hängend an. Der Heilige soll seine Füße gestützt haben. Nach einer anderen Variante waren die Eltern die rund 500 Kilometer nach Santiago gezogen und haben dort dem Heiligen Jakobus ihr Leid geklagt. Beim Rückweg haben sie in Santo Domingo ihren Sohn noch lebend angetroffen, den nach dieser Variante der heilige Jakobus gestützt hat. Das Ende der Geschichte ist in beiden Varianten gleich. Die Eltern stürzten zum Richter, der gerade ein Huhn und ein Hähnchen als Mittagsmahl verzehren wollte. Sie berichteten, dass ihr Sohn noch lebe. Der Richter lachte nur laut und verspottete sie: eher würden Huhn und Hähnchen auf seinem Teller wieder lebendig als der junge Mann. In diesem Augenblick nahmen Huhn und Hähnchen wieder ihr ungerupftes Aussehen an und flogen vom Teller auf. Der Richter begnadigte daraufhin den jungen Mann und verurteilte die Verleumderin. Interessant ist, dass es mehrere Orte in Europa gibt, welches dieses Hühnerwunder für sich reklamieren.

In der Kathedrale von Santo Domingo befinden sich in einem Käfig ein lebendes Huhn und ein lebender Hahn, die alle zwei Wochen wieder entlassen und durch neue ersetzt werden. Der Raum mit dem Käfig war leider verschlossen. Dafür war die zum Museum deklarierte Kathedrale ohne Siesta (Mittagspause) offen. Ich staunte über die zahlreichen historisch und kulturell wertvollen Stücke dieses Museums. Kurioserweise findet sich

Gemälde in der Kathedrale in der Kathedrale von Santo Domingo de la Calzada. Die Hühner auf der Tafel des Richters werden wieder lebendig.

neben diesen wertvollen Stücken auch eine meterlange Glasvitrine. Dort ist eine Playmobil-Landschaft zu sehen, in der verschiedene Szenen aus dem Mittelalter dargestellt sind.
Santo Domingo de la Calzada bietet sich für die meisten Pilger als Nächtigungsort an. Ich hatte mir ausgerechnet, dass ich es in zwei Tagen bis Burgos schaffen könnte, wenn ich heute noch zwei Stunden weiter, bis Granon, ginge, also *Ultreia!*
Nach Verlassen der Stadt überquert man einen Fluss, welcher der ganzen Region den Namen gegeben hat, den Rio Oja, daher Rioja. Hier hat der heilige Domingo im 11. Jahrhundert eine erste Brücke bauen lassen, denn Flussüberquerungen waren für Pilger damals ein großes Problem. Für mich waren die zwei unspektakulären Gehstunden bis Granon kein Problem. Dort suchte ich die Adresse auf, wo ich mir ein Zimmer in einer Pension (fast) hatte reservieren lassen. Das Haus war leicht zu

finden, aber alles war fest verschlossen. Vom Haus gegenüber aus wurde ich gefragt, was ich wolle. Die junge Dame erklärte sich dann auch für das gegenüberliegende Haus zuständig. Sie fragte mich, ob ich reserviert hätte. Ich bejahte, daraufhin kam die Frage, ob diese Reservierung auch bestätigt worden sei. Ich verneinte. Das stimmte die junge Dame gnädig und sie ließ mich in die Pension ein. Ich war der einzige Gast, offensichtlich wollten sie schon Wintersperre machen und hatten sich deshalb so wegen der Reservierung geziert.
Das mir nun zur Verfügung stehende Haus war als eine Art Luxuspension mit vielem ausgestattet, was man als Pilger gar nicht benötigt. Die Waschmaschine, den Wasserkocher und ähnliches konnte ich brauchen. Um 19 Uhr suchte ich die Pfarrkirche für die Vorabendmesse zu Allerheiligen auf. Ich staunte, dass sogar in so einem recht kleinen Ort die Kirche über einen so prachtvollen, golden glänzenden Altar verfügt. Der Gottesdienst war nicht sehr gut besucht. Außer mir nahm ein Ehepaar samt Tochter, die pilgermäßig aussahen, teil. Der Priester sagte zum Schluss der Feier etwas mit „andelante“ und „peregrinos“. Ich schloss daraus, dass er uns nach vorne bitten wollte. So forderte ich das Ehepaar samt Tochter auf, mit mir zum Altar vorzugehen. Meine Vermutung war richtig: Die Aufforderung hatte uns gegolten und wir erhielten einen speziellen Pilgersegen. Nach der Heiligen Messe ging ich mit Ehepaar und Tochter noch auf ein Glas Wein in die gegenüberliegende Bar. Es stellte sich heraus, dass es sich um Deutsche handelte und dass die (vermutete) Tochter mit dem Paar in keinem näheren Zusammenhang stand. Ich freute mich, in meiner Muttersprache mit jemandem plaudern zu können. Das Ehepaar Franz und Christine hatte sich nach der Pensionierung auf den Weg gemacht und zog gemütlich, pro Tag nicht mehr als gute 20 Kilometer, durch die Lande. Sie wollten erst im Jänner wieder zu Hause sein, damit ihre Kinder in ihrem Haus ungestört Silvester feiern konnten. Sie brachen aus der Bar dann unvermittelt auf, weil in der Herberge für

die Pilger das Abendessen bereitet und fertig war. Die Herberge befand sich origineller Weise im Dachboden der Pfarrkirche, wo Angehörige des örtlichen Jakobswegvereins Nudeln für die eingetroffenen Pilger gekocht hatten. So verschmerzte ich es leicht, nicht bei den anderen Pilgern zu nächtigen, denn die Nudeln hätte ich nicht essen dürfen. Da es in der Bar nichts zu essen gab, kehrte ich in meine Pension zurück und verzehrte meine Proviant-Reste. Für die nächste Nacht in Villafranca Montes de Oca rief ich bei dem einzigen dort befindlichen Hotel an und fragte nach einem Zimmer. Man sagte mir, im Hotel sei alles voll, aber ich könne in der Herberge ein Zimmer haben.

Freitag, 1. November: Das reichhaltige Frühstück wurde mir zur vereinbarten Zeit hingestellt, sodass das für Spanien hochpreisige Quartier (€ 50 mit Frühstück) mich auch vom Preis-Leistungs-Verhältnis her zufriedenstellte. An diesem Morgen schaute ich bewusst auf die Uhr, wie lange ich vom Zeitpunkt des Aufstehens bis zum Verlassen des Hauses benötigte. Es waren geschlagene zwei Stunden! Ich genierte mich fast vor mir selbst, aber das Frühstück herrichten, Tee kochen, alles wieder wegräumen und ordentlich hinterlassen benötigt eben seine Zeit. Ich hatte es jedoch auch nicht eilig, denn der Ort, wo ich mittagessen wollte, Belorado, war nur 15 Kilometer entfernt. Dort vor 12 Uhr einzutreffen, wäre ohnehin sinnlos gewesen, so früh gibt es in Spanien kein Mittagessen.
Es war bewölkt und ein sehr starker Westwind blies uns Pilgern ins Gesicht. Wirklich leid taten mir die Radpilger, die bei diesem starken Gegenwind und dazu noch auf den Steigungen kaum vorwärtskamen. Der Camino führte viele Kilometer auf einer Piste neben der Hauptstraße schnurgerade entlang. Als Entschädigung für die langweilige Strecke entdeckte ich bisweilen noch reife Früchte auf den immer wieder entlang des Weges wachsenden Feigenbäumen.

Kastilien und León

Ich verließ die Region Rioja und betrat die autonome Region Kastilien und León. Im Städtchen Belorado setzte ich mich in ein schlichtes Hotel-Restaurant, weil man mir trotz der noch frühen Mittagsstunde schon ein Essen bereiten wollte. Die mir hingestellte Flasche Wein rührte ich fast nicht an, es geht sich sonst am Nachmittag so schwer. Plötzlich hörte ich meinen Namen. Es war das deutsche Paar von gestern Abend, Franz und Christine. Die Arme hatte Schwierigkeiten mit ihrem Fersensporn und deshalb wollten sie heute in diesem Ort schon nach 15 Kilometern Schluss machen. Sie fragten nach einem Zimmer, aber das Haus war auch (im November!) schon ausgebucht. An den Nebentisch setzte sich ein Grauer Wolf, also ein – wie ich mit meinen gut 70 Jahren – schon bejahrter Mitpilger. Wir kamen bald ins Gespräch und ich war beeindruckt. Es war der Kanadier Daniel und er sah meiner Ansicht nach mit seinen 73 Jahren blendend aus. Man hätte ihn auch um einiges jünger schätzen können. Er war in Arles losgegangen und nun schon eineinhalb Monate unterwegs. Dadurch war Daniel auch schon bestens eingegangen und legte größere Tagesetappen als ich zurück.

Nach Villafranca Montes de Oca waren es noch 13 Kilometer, also gute drei Stunden. Nach kurzer Zeit nahte bedrohlich eine schwarze Regenfront. Was einen anderen gestört hätte, freute mich in diesem Augenblick: Ich konnte das erste Mal mein neues grünes Regencape erproben! Ich zog meine Schuhe aus, die Regenhose an, die Schuhe wieder an und versuchte

Die Montes de Oca in Gewitterstimmung.

Alter Waschplatz in einem kastilischen Dorf.

den Regenponcho über Kopf und Rucksack zu bringen. Bei diesem starken Wind kam das einem Kampf mit einem grünen Drachen gleich. Als ich es endlich geschafft hatte, war die Regenfront schon beinahe wieder vorbei. Ich ging weiter und nach etwa einer Stunde ohne Regen zog ich die Schuhe und die Regenhose wieder aus, die Schuhe wieder an und verstaute das Regencape. Keine zehn Minuten später kam die nächste Regenfront. Ich erwartete, dass auch sie bald wieder durch sein würde, verzichtete daher auf die Regenhose und zog mir nur – nach obligatem Kampf – das Regencape über den Kopf. Diese Front hatte es aber in sich: Es schüttete wie aus Eimern! Für das Anziehen der Regenhose war es nun aber zu spät. Deshalb spreizte ich unter dem Poncho die Wanderstöcke vor mich, damit mir nicht das Wasser vom Cape in die Schuhe hineinrann. Es funktionierte, war aber doch mühsam und sah sicher seltsam aus.

Glücklicherweise endete der Regen nach nicht allzu langer Zeit. Vor mir tauchte Villafranca Montes de Oca auf.
Die Montes de Oca sind ein „Gebirge“, welches sich vor den nach Burgos strebenden Pilgern mit ausgedehnten einsamen Wäldern aufbaut. Villafranca ist der Ausgangspunkt im Osten für die Überquerung. Das ausgesuchte Hotel, ein altes vornehmes Haus, thront über dem Dorf und der Kirche. Die dort quartiersuchenden Pilger werden verschämt aus dem Haupthaus gewiesen und in einem Nebengebäude mit Herberge untergebracht. Dort gibt es die üblichen Schlafsäle und einen gut geheizten Aufenthaltsraum, wo schon etliche Pilger die Zeit „totschlugen“. Dazu hingen überall die nassen Sachen zum Trocknen. In dem einen Schlafsaal führte eine Tür in ein Doppelzimmer mit eigenem Bad, das mir zugewiesen wurde. Mit leicht schlechtem Gewissen wegen meines Privilegs pries ich mich doch glücklich, weil ich nicht in der dampfigen Atmosphäre der Herberge Duschen, Wäsche waschen, Wäsche aufhängen und vor allem Schlafen musste, wie meine armen Mitpilger. Der graue Wolf von heute Mittag, Daniel, war ebenfalls eingelangt und bezog ein Bett in einem Schlafsaal.
Ab 18.30 Uhr sollte es Abendessen in einem Speisesaal des Restaurants geben. Ich wartete mit einigen anderen Pilgern vor der noch verschlossenen Tür. In das Gespräch einer jungen Frau, Annabell aus Deutschland, mit ihren Begleitern, Hannah aus Spanien samt ihrem Vater, mischte ich mich ein und wurde eingeladen, mit ihnen zusammen zu speisen. Das Gespräch, mal auf Deutsch, mal auf Englisch, mal auf Spanisch war interessant und typisch für den Camino, aber durch den Sprachenwechsel auch recht anstrengend. Insbesondere mit zunehmendem Weinkonsum nahm die Konzentration für die benötigten Vokabel stetig ab. Annabell erzählte, sie liebe es, den Jakobsweg zu gehen, sie gehe einmal diese und einmal jene Strecke. Als nächstes wollte sie nach Oviedo und von dort weggehen. Das war auch deshalb erstaunlich, weil sie angab, beim Gehen permanent

Schmerzen zu haben, die sie mit Schmerzmitteln unterdrückte. Diesen Streckenabschnitt des Camino hatte sie sich an Hannah und ihren Vater angehängt. Zurück in der Herberge gab ich Annabell meine Beinwellsalbe zum Einschmieren. So konnte die Creme zeigen, ob sie wirklich, wie von manchen behauptet, Wunder wirken könne.

Samstag, 2. November: Um 7.30 Uhr sollte es Frühstück in der Cafeteria geben. Diese war zwar offen, aber noch ohne Bedienung. Ein Kellner schaute durch eine Seitentüre herein und lud mich und auch den Kanadier Daniel ein, hinter der Bar durchzuschlüpfen in den Frühstücksraum des Hotels. Dort genossen wir – gegen entsprechenden Obulus – das Frühstücksbuffet zusammen mit den Hotelgästen. Daniel erzählte von sich: Er besaß eine eigene Bücherei, die er mittlerweile an seine Lebenspartnerin übergeben hatte. Er war stolz auf fünf Kinder und elf Enkelkinder. Neidlos musste ich feststellen, dass er, obwohl wir annähernd gleich alt waren, nicht nur jünger aussah und ein schnelleres Marschtempo zu gehen pflegte. Er schien auch weiser zu sein als ich, weil er plante, die acht Kilometer der Vorstadt von Burgos mit dem Bus zu bewältigen und dort einen Ruhetag einzulegen. Über das Wetter der nächsten Zeit schien er ebenfalls gut informiert zu sein, es sollte fast immer regnen und später sogar schneien. Das waren ja schöne Aussichten!

Nach dem ausgiebigen und guten Frühstück gingen wir in die Cafeteria zurück, wo mittlerweile die anderen Pilger ein wesentlich kargeres Frühstück zu sich nahmen. Ich ließ mir von der Bekanntschaft vom Vorabend, Annabell, in das Regencape helfen. Ob ihr die Salbe geholfen hatte, konnte ich nicht so recht herausfinden. Dann stürzte ich mich ins sehr ungemütliche Freie. Es war noch ziemlich dunkel, außerdem kalt und regnerisch. Vorerst ging es steil bergauf, aber nicht sehr lange.

Verschlammte Wege bei der Überquerung der Montes de Oca.

Die Montes de Oca würden bei uns kaum als Berge durchgehen. Dafür sind sie ausgedehnt. Vier Stunden waren nötig, um die nächste menschliche Ansiedlung zu erreichen. Bis dorthin waren breite Pfade oder Forststraßen im Slalom zu beschreiten. Bei dem Dauerregen konnte man nur auf diese Weise Pfützen und Schlamm vermeiden. Trotzdem war alles viel harmloser als vor zehn Jahren auf dem Camino Norte, wo auf vielen Pfaden Rutschpartien unvermeidlich waren, kontrollierte und unkontrollierte. Ein Mountainbike-Pilger überholte mich. Etwas später machte er eine Pause und ich holte ihn ein. Es war ein in Deutschland lebender Spanier. Was mich überraschte: Manchmal in Sicht- oder Hörweite führte die Asphaltstraße unter unserem Pilgerpfad gegen Westen. Ich meinte zu ihm, dass ich bei diesen Weg- und Wetterverhältnissen die Asphaltstraße als Radfahrer vorgezogen hätte. Seine Antwort war, er wolle es doch

Matagrande, der letzte Berg vor Burgos.

auch genießen! So hatte ich Schlamm und Regen bisher auch nicht betrachtet! Aber der Camino lässt einen lernen.

Die vier Stunden, die ich zur Überwindung der Montes de Oca brauchte, blieb ich nicht einmal stehen, um etwas zu trinken. Das ist leicht zu erklären: Um den Rucksack herunterzunehmen und die Flasche herauszuholen, hätte ich das Regencape ausziehen müssen. Das wäre noch gegangen. Aber den Kampf gegen den Drachen wieder aufzunehmen und es wieder ohne Hilfe über mich und den Rucksack zu stülpen, war wenig verlockend. So lief ich die vier Stunden lieber durch.

An den Ausläufern der Montes de Oca mischen sich Weideflächen in die Wälder. Der Regen peitschte dort nahezu waagrecht daher. Ein Einheimischer mit einem geländegängigen

Fahrzeug begegnete mir und gestikulierte, ich könne einsteigen und bei ihm mitfahren. Ich schätzte dieses Angebot sehr, denn wer nimmt schon einen tropfnassen, schlammbespritzten Pilger in seinem sauberen Fahrzeug mit? Trotzdem bedankte ich mich und ging weiter. Wie war das mit der Weisheit?
Nach vier Stunden hörte der Regen endlich auf. Ich hatte rund 20 Kilometer gemacht und war sehr zufrieden mit mir. Jetzt hatte ich mir eine gute Mittagsmahlzeit verdient und hielt Ausschau nach einem Restaurant, oder zumindest einer Bar. Es gab schon ein paar am Weg, aber alle waren geschlossen. Den Archäologiepark von Atapuerca, wo 800 000 Jahre alte Menschenskelette gefunden wurden, ließ ich rechts liegen. Ich hatte bis Burgos insgesamt 38 Kilometer zu bewältigen und da blieb keine Zeit für Besichtigungen. Der letzte Anstieg vor Burgos zum Aussichtspunkt Matagrande, von dem man das erste Mal auf Burgos sehen kann, steigerte die Erwartung auf das Kommende. Die Heidelandschaft dort oben wäre romantisch gewesen, wenn nicht die rostenden Stacheldrähte und sonstigen Überreste eines (aufgelassenen?) Truppenübungsgeländes daran erinnerten, was der Mensch in der wunderbaren Natur so alles ruinieren kann.

BAR
TAPAS
BAR
MENU
DEL DIA

Burgos

Den letzten Berg hinter mir, spähte ich nach wie vor vergebens nach einem Restaurant aus. Nicht einmal beim Flughafen von Burgos konnte ich eines ausfindig machen. So war ich bereits in der Vorstadt von Burgos, als ich nach mehr als dreißig Kilometern endlich ein Restaurant fand. Ab hier gab es sie in Fülle. Hungrig gönnte ich mir ein ausgiebiges Pilgermahl.
Die weiteren acht Kilometer in die Innenstadt von Burgos hinein waren höchst meditativ: Am besten auf die eigenen Füße schauen, die Umgebung war keinen Blick wert! Um 17 Uhr erreichte ich mein vorreserviertes Quartier: Eine moderne und blitzsaubere Stockwerkspension, was so viel bedeutet, als dass sich in verschiedenen Stockwerken verschiedene Pensionen befinden. Allerdings war mein Zimmerchen derart winzig, dass nicht einmal ein Tisch aufgestellt worden war, sondern fast nur das Bett Platz hatte. Ich zog mir meine leichten Turnschuhe an und ging noch auf Erkundung in die Innenstadt.

Burgos ist eine reiche, prachtvolle Stadt. Gleich zu Beginn empfing mich die Reiterstatue des El Cid. Die Geschichte dieses Kämpfers der Reconquista hat mich spätestens seit dem Film mit Charlton Heston und Sophia Loren sehr beeindruckt. Jetzt sah ich ihn als riesige Reiterstatue in seiner Heimatstadt. Für den Besuch der Kathedrale hätte ich Eintritt zahlen müssen. Das ersparte ich mir, denn ich würde sie heute Abend während der Vorabendmesse ohnehin von innen zu sehen bekommen.
So war es dann auch, allerdings zu meiner leichten Enttäuschung nicht im Hauptschiff, sondern in einem anderen Sakralraum,

El Cid, der Kämpfer gegen die Mauren, in der Innenstadt von Burgos.

Großzügige Plätze in Burgos.

wo wieder der Hauptaltar und die Seitenaltäre unglaublich reich und golden glänzend gestaltet waren. Sehr feierlich gestaltet war dann auch die Messfeier durch neun Purpurträger, darunter der Erzbischof oder Bischof. Beim Zurückspazieren ins Quartier bewunderte ich das rege Treiben in der Altstadt. In Salzburg wäre das an einem Abend im November nicht vorstellbar.
Mit dem kurz zuvor gekauften Proviant gestaltete ich mein Abendessen auf dem Zimmer. Mangels eines Tisches musste das Bett für das Aufdecken und den Verzehr herhalten. Glücklicherweise habe ich weder etwas ausgeschüttet noch sonstwie angepatzt. Auch die Belästigung durch Brösel hielt sich in Grenzen.

Die Kathedrale von Burgos.

Sonntag, 3. November: Am folgenden Morgen fand ich dank des Internets ein Restaurant, das schon geöffnet hatte. Entsprechend groß war der Andrang. Ich war noch so rechtzeitig dran, dass ich einen kleinen Tisch ergatterte. Wieder einmal beschlich mich die Scham des Privilegierten, als sich später Kommende mit einem Stehplatz begnügen mussten. Immerhin brachte mir die Bedienung in Windeseile ein glutenfreies Brot sowie Ham and Eggs, so wurde der Tisch bald wieder frei. Im Sonnenlicht schoss ich noch so manches Foto von den großartigen Bauwerken, denn die gestern Abend gemachten sahen doch etwas düster aus.

Nach Westen zu zeigt sich Burgos von einer wesentlich schöneren Seite als beim Einmarsch von Osten her. Romantische Stadtmauern, farbenprächtige Parks und eine historische Universität erfreuen das Auge des Pilgers.

In Rabé de las Calzadas kehrte ich zufällig bei einem sehr frommen Wirt ein. Er war äußerst freundlich und an der Wand hingen Empfehlungen von Pilgern aus aller Welt, die hier bestens betreut worden waren. Während des Essens studierte ich auch die religiösen Schriften, die hier die Pilger zu etwas mehr Spiritualität auf ihrem Weg bringen sollten. Man wollte mir auch eine wundertätige Medaille der Muttergottes (Paris, 1830) schenken. Freudig überrascht stellte der Kellner fest, dass ich schon eine um den Hals trug.

Am Nachmittag ging es hinauf in die kastilische Meseta. Eine sehr karge Landschaft ohne Baum und Strauch, über die von September bis in den Mai hinein gnadenlos die kalten Winde fegen. Ansiedlungen gibt es nur in den wenigen Geländefalten, die Schutz gegen den Wind bieten. Der heftige Westwind sollte ab sofort mein stetiger Kontrahent sein. Auf den ersten Anhöhen der Meseta angelangt, erstaunte mich die unendliche Weite dieser Hochebene. Hier war der Weg meditativ im besten Sinne des Wortes, also nicht langweilig, sondern ein Wandeln zwischen Erde und Himmel ohne Ablenkung durch von Menschenhand errichtete Bauten.
Irgendwann erschöpft einen jedoch auch der meditativste Weg und ich konnte es schon nicht mehr erwarten, nach Hontanas zu kommen. Dieser kleine Ort taucht erst auf, wenn man sich schon kurz davor befindet, weil er sich in eine Senke schmiegt.
Bei den ersten Häusern begegnete mir ein Pilger, der berichtete, dass nur eine Herberge geöffnet habe. Diese steuerte ich gleich an und – welch Glück – man hatte noch ein Zimmer samt Bad für mich frei. Freudig überrascht stellte ich fest, dass liebe Bekannte in dieser Herberge nächtigten: Daniel der Kanadier und die Deutsche Annabell samt spanischer Freundin Hannah mit Vater. Das war insofern erstaunlich, weil Daniel in Burgos einen Ruhetag hatte einlegen wollen und Annabell sich keine langen Tages-Etappen vorgenommen hatte. Nun, sie

Karge, windige Meseta.

waren ohne Ruhetag genauso lange gegangen wie ich. Auch aus Daniels Vorsatz, die Vorstadt von Burgos mit dem Bus zu befahren, war nichts geworden. Bis man den passenden Bus finde, habe man den halben Weg auch schon zu Fuß zurückgelegt, war sein Kommentar. Zwei junge deutsche Männer lernte ich auch hier kennen. Der eine, ein Nürnberger, erzählte mir beim Wein von seinem Kummer: Seine Freundin hatte ihn vor Kurzem verlassen und seinen geliebten vierjährigen Sohn mitgenommen. Der Camino ist mit Sicherheit eine der besten Methoden, mit traumatischen Erlebnissen fertig zu werden. Der andere Deutsche, ein professioneller Katastrophen-Helfer mit langem Zopf, Tätowierungen und sehr gut trainierten Muskeln, erwies sich als ausgesprochen nett. Annabell zeigte sich sehr angetan von ihm und wich ab sofort nicht mehr von seiner Seite.

Castrojeriz, eine Stadt wie ein Freilichtmuseum.

Montag, 4. November: In der Früh half Annabell ihrem Katastrophen-Helfer seine Zöpfchen kunstvoll zu flechten. Der Herbergswirt bereitete uns auf Wunsch ein Frühstück. Glutenfreies Brot hatte er – wie zu erwarten – nicht. So verzehrte ich meine letzten mitgebrachten Scheiben. Die gesundheitsbewussten deutschen Freunde hätten auch gerne so eines gehabt. Sie waren enttäuscht, dass es nicht vom Herbergswirt stammte und ich keines mehr für sie übrighatte. Ich erhoffte mir heute Abend, im Städtchen Frómista, wieder einen Vorrat zulegen zu können. Denn ohne Brot sind die Ernährungsmöglichkeiten auf einem Pilgerweg schon sehr eingeschränkt.
Nach dem Frühstück benötigt jeder Pilger unterschiedlich lange Zeit, um sich fertig zu machen und so ging jeder für sich los. Das Tal, in dem Hontanas liegt, setzt sich nach Westen fort und so ging ich – geschützt vor dem starken Westwind – einen

schönen Wanderweg nach Castrojeriz. Zwei Kilometer vor diesem Ort durchreitet man einen verfallenen Konvent aus dem 14. Jahrhundert, St. Anton. Hier hatten damals die Mönche in eine Mauernische Proviant für vorbeiziehende Pilger gelegt. Außerdem konnte man sich von ihnen betreuen lassen, wenn man am Antoniusfeuer litt. Diese sehr schmerzhafte Vergiftung bekam man durch Getreide, das mit Mutterkorn verunreinigt war. Schade, dass dieses malerische Bauwerk nun mehr oder weniger dem Verfall preisgegeben scheint!

Castrojeriz ist ein romantisches Städtchen mit ehrwürdigem kastilischem Gepräge, bewacht von einer starken Festung. Man könnte hier jederzeit einen historischen Film drehen, alles wirkt so, als stamme es noch aus der Zeit der Reconquista. Beim Durchschreiten des Städtchens begegnete mir kaum jemand und auf – gefühlt – jedem dritten Hause stand „se vende" (zu verkaufen). Leider hat es auch der Camino nicht geschafft, dieser reizenden Kleinstadt ganzjährig neues Leben einzuhauchen. Nach einem beachtlich steilen Anstieg sah man von der erreichten Anhöhe den Weg viele Kilometer nach Westen führen und am Horizont verschwinden. Das Beschreiten dieser unendlichen Weite wäre sehr beschaulich gewesen, wenn nicht der kalte Westwind mit hoher Geschwindigkeit gegen uns Pilger angeblasen hätte. Wir mussten uns mit aller Kraft dagegenstemmen. Trotzdem hatte man den Eindruck, kaum vorwärts zu kommen. Mittlerweile hatte es zu schütten begonnen. Das Knallen des Regencapes im Sturm machte dazu noch einen ohrenbetäubenden Lärm.

Palencia

Über eine schöne Brücke kam ich in die Provinz Palencia. In dem Dörfchen Itero de la Vega fand sich ein offenes Gasthaus und alle Pilger, die vorläufig genug von Wind und Regen hatten, also auch ich, trafen sich in der Gaststube. Der Wirt und seine Gattin waren zu meinem Erstaunen ziemlich mürrisch. Freuten sie sich nicht über Gäste in der Nebensaison? Aber es gab wenigstens Genießbares zu essen. Als Dessert kaufte ich mir eine Tafel Schokolade, von der ich mir zwei Rippen genehmigte. Den Rest reichte ich an Annabell weiter, die mittlerweile mit ihrem neuen Pilgerfreund eingetroffen war. So erwarb ich mir am Nebentisch in Kürze eine Fangemeinde. Recht wohl fühlte sich in dem Gastraum mit dem Charme einer Bahnhofshalle aber niemand und so brachen wir alle – jeder für sich allein – bald wieder auf.
Ich traf auf den Canal de Castilla, an dessen Ufer ich nun für einige Zeit entlang marschierte.

Dieser Bewässerungskanal ist im 18. Jahrhundert erbaut worden und versorgt die umliegenden Felder mit dem kostbaren Nass. Nach einigen Kilometern traf ich auf eine anderen Pilgerweg, den Camino Lebaniego Castellano. Er führt nach Norden nach Toribio de Liébana, wo in einem Kloster das größte Fragment des Heiligen Kreuzes verehrt wird. Das hatte mich auf dem Camino del Norte vor zehn Jahren sehr beeindruckt. Ich bin fasziniert von den Pilgerwegen in Spanien. So freute ich mich darüber, dass ich eine neue Variante für eine weitere Unternehmung entdeckt hatte, wohl wissend, dass in meinem Alter wohl

Canal de Castilla, Bewässerungskanal aus dem 18. Jahrhundert.

nichts mehr daraus werden würde. Aber Träumen wird man ja noch dürfen!

Mit Blitz und Regenguss empfing mich das Städtchen Frómista. Ich hielt Ausschau nach einem kleinen Hotel. Einige Häuser am Stadtplatz waren verschlossen und wirkten sehr abweisend. So folgte ich zwei Pilgerinnen, die ein Hostel ansteuerten. Die matronenhafte Wirtin ließ auch mich herein und wies mir ein Kämmerchen im ersten Stock zu. Das Bad befand sich über den Gang in derselben Etage. Sehr zufrieden war ich nicht, zumal im selben Stock geräumige Zweibettzimmer zu sein schienen. Aber als Pilger sollte ich mich auch hin und wieder in Bescheidenheit üben, kam ich mir doch so oft privilegiert vor. Die Wirtin wies mich auch auf die um 18 Uhr in der Kirche St. Martin stattfindende Pilgermesse hin, der sie selbst beizuwohnen gedachte. Also verzichtete ich auf eine Besichtigung des nach der Beschreibung im Führer eindrucksvollen romanischen Gotteshauses mit über 300 steinernen Konsolfiguren auf den Dachsparren, denn ich würde sie ja bei der Abendmesse sehen. Ich ging zurück zu dem einzigen Supermarkt des Ortes, den ich beim Hergehen noch geschlossen vorgefunden hatte. Dort wurde absolut nichts Glutenfreies angeboten, nicht einmal Reiswaffeln. Also hieß es weiter ohne Brot auskommen. Der nächste Dämpfer ließ nicht lange auf sich warten: Die Kirche St. Martin war um 18 Uhr dunkel und fest versperrt. Die Wirtin zuckte nur mit den Schultern, als ich sie noch einmal fragte. Die Besichtigung der 300 Statuen aus der Romanik hatte ich damit auch versäumt, denn am nächsten Morgen konnte ich nicht so lange warten, bis die Kirche aufgesperrt würde. Nur ein kleiner Triumpf erfreute mich: Die Wirte entfernen normalerweise die Stöpsel aus den Waschbecken, damit die Pilger nicht ihre Wäsche dort waschen. So auch hier. Ich entdeckte aber einen losen in der Badewanne und so konnte ich doch das nicht Erwünschte tun. Meine Stimmung fiel aber wieder unter den Nullpunkt,

Hauptstraße in der mittelalterlichen Stadt Castrojeriz.

als ich den nächsten Tag plante: Unterkunft gab es entweder bereits in 20 Kilometern Entfernung in Carrión de los Condes oder erst wieder nach 37 Kilometern in Calzadilla de la Cueza. Da ich heute 35 Kilometer hinter mich gebracht hatte, hätte ich für den nächsten Tag eine etwas kürzere Etappe vorgezogen, aber mittags schon Schluss machen? Ich entschied mich daher für die 37 Kilometer und reservierte mir in Calzadilla de la Cueza telefonisch ein Zimmer, weil es in diesem kleinen Nest nur wenige und die 17 Kilometer vorher überhaupt keine Nächtigungsmöglichkeiten gibt. Abendessen gab es wieder einmal erst ab 20.30 Uhr. Ziemlich als einziger Gast verzehrte ich das gewählte Pilgermenu und schlug mir den Bauch voll, denn wann würde ich wieder etwas zu essen bekommen? Meine Hauswirtin hatte mir nämlich schon mitgeteilt, dass bei ihr an ein Frühstück nicht zu denken sei.

Morgendämmerung in den Tierra de Campos.

Dienstag, 5. November: Es war noch dunkel, als ich mich in der Früh aus dem Haus mit offensichtlich noch schlafenden Bewohnern schlich. Meine deprimierte Stimmung von gestern Abend war verflogen. Der Sternenhimmel bei frostigen Temperaturen kündigte einen klaren Tag an. Ich machte mich auf die Suche nach einer schon geöffneten Bar und hatte vorerst kein Glück. Die Stadt lag um 7 Uhr früh sichtlich noch im tiefsten Schlummer. Ich stellte mich schon auf einen Marsch ohne Frühstück ein, da entdeckte ich ums Eck eine schon geöffnete Bar. Ich fand dort schon eine Reihe von Jakobspilgern vor, auch der Kanadier Daniel war eingekehrt. Was sollte ich als Frühstück bestellen? Selbst hatte ich kein Brot mehr und das Gebäck der Bar war für mich tabu. Zum Glück entdeckte ich eine Tortilla, die wohl von gestern oder vorgestern stammte, und dazu gönnte ich mir noch einen Schokoriegel. So brach ich doch noch gut

Meditatives Wandern in den Tierra de Campos.

gesättigt auf die 20 geplanten Kilometer des Vormittags nach Carrión de los Condes auf.

Wieder ein höchst meditativer Streckenabschnitt! Es ging schnurgerade der Autostraße entlang, zwar auf einer Begleittrasse, aber die einzige Abwechslung stellten die Pfützen vom gestrigen Regen dar. Dafür ging es schnell voran. Ich wurde ja nicht von Fotomotiven oder dergleichem abgelenkt. So erreichte ich schon vor 12 Uhr das Städtchen Carrión de los Condes. Es nennt einige interessante Kirchen sein Eigen. Bei der ersten schaute ich hinein und war fasziniert von einer halbdunklen mystischen Atmosphäre. Wie in so vielen spanischen Kirchen ertönte aus dem Hintergrund schöne geistliche Musik. Damit werden die Besucher eingeladen, ein wenig zur Ruhe zu kommen und zu verweilen. Ein sehr verlockendes Angebot auch für

Die Vía Trajana war eine wichtige Verkehrsroute der Römer.

mich, aber ich nahm es nicht an. Die geplanten 17 Kilometer für den Nachmittag ließen – außer der geplanten Mittagspause – keine weiteren Ruhephasen zu. So erreichte ich den Hauptplatz und erhielt in einer großen und gut besuchten Bar auch um 12 Uhr schon etwas zu essen. Meine Suche nach glutenfreiem Brot in einem Supermarkt blieb auch hier erfolglos. So machte ich mich wieder auf den Weg. Die Strecke am Nachmittag hatte in Bezug auf Eintönigkeit kaum mehr zu bieten als der Vormittag. Fast vier Stunden ging es der schnurgeraden Schotterstraße entlang, diesmal wenigstens abseits der Autostraße. Aber ich lernte auch hier den Reiz der Ebene entdecken: Eine unendliche Weite, über die der Wind die Wolken vor sich hertrieb und ab und zu die Sonne hervorlugen ließ. Dazu erfreuten einzelne Bäume oder Büsche in den Äckern das nach Reizen spähende Auge.

Kurz nach 16 Uhr traf ich in dem kleinen Nest, Calzadilla de la Cueza, ein. Dort angekommen, beschlich mich der Eindruck, der einzige Gast in einem großen Haus zu sein, das schon bessere Zeiten gesehen hat. Jedenfalls wäre die vorherige Reservierung nicht nötig gewesen. Aber weiß man das im Vorhinein? Das Zimmer war in Ordnung und ich überbrückte die Zeit bis zum Abendessen unter anderem mit einem kleinen Rundgang durch die Umgebung. Die Gemischtwarenhandlung, auf die ich gehofft hatte, war vorhanden, wirkte aber, als sei sie schon seit längerer Zeit geschlossen. Beim Betreten des Ortes war mir ein malerisches, kleines Kirchlein auf einem Hügel aufgefallen. Ich bestieg den Hügel, weil ich mir ein schönes Fotomotiv erwartete. Aber ein Handymast samt Zaun war so nahe daran aufgestellt, dass ich die beiden Objekte nicht voneinander trennen konnte. Da ließ ich es lieber bleiben und stieg den Hügel enttäuscht wieder herunter.

Zurückgekehrt ins Gasthaus fand ich mittlerweile einige andere Gäste vor, die alle in der benachbarten Herberge nächtigen wollten. Dazu gehörte eine Vorarlbergerin, die mit ihrem Hund und einem Zelt von zu Hause nach Santiago unterwegs war. Unterwegs hatte sie sich vor ein paar Wochen in einen anderen Pilger verliebt und teilte seither das Zelt mit ihrem Freund. Sie war so begeistert vom Jakobsweg, dass sie ihre Mutter überredet hatte, nach Burgos nachzukommen. So konnte sie ebenfalls eine Strecke des Camino mit ihr und dem Freund genießen und ihre Freude teilen.

Beim Abendessen saß die Mutter namens Brigitte allerdings allein an einem Tisch. Offensichtlich reichte das Geld fürs Abendessen nicht für alle drei. Ich setzte mich zu ihr, weil sie mir so verloren vorkam. Sie schien außerdem erschöpft und von der Freude am Jakobsweg war nicht viel zu merken. Mit Fortdauer des Gesprächs wurde klar, warum. Die Tochter, der Hund und

der Freund zogen seit Wochen durchs Land und waren ohne Zweifel mittlerweile in bester Form. Als untrainierte, ältere Frau zu einer solchen Truppe zu stoßen, konnte nicht gutgehen. Die Trainierten fühlten sich unterfordert und gebremst und die Neo-Pilgerin ständig am körperlichen Limit. Ich riet ihr, abschnittsweise einen Bus zu nehmen. Damit könnten alle Beteiligten viel mehr die Schönheiten des Wegs gemeinsam genießen, wenn sie sich dann immer wieder zusammenfinden. Dummerweise verunsicherte ich Brigitte noch zusätzlich, als das Gespräch auf die Herbergen kam. Ich sagte ihr, dass ich Gasthäuser bevorzuge, weil man in Herbergen vor Wanzen nicht sicher sei. Da sie das Quartier in der Herberge schon bezogen hatte, war sie nun voller Angst, was sie diese Nacht wohl an Ungeziefer erwarten würde. Ich habe sie nach diesem Abend nicht mehr gesehen und weiß daher auch nicht, was aus der ungleichen Vorarlberger-Partie geworden ist.
Ich setzte mich dann noch an den Nebentisch, wo der Kanadier Daniel mit der mir auch schon gut bekannten Spanierin Hannah und deren Vater zu Abend aß.

Die drei hatten ebenfalls Quartier in der Herberge bezogen und genossen den letzten gemeinsamen Abend. Hannah und ihr Vater wollten am nächsten Tag nur bis Sahagún gehen, um von dort nach Hause zurückzukehren. Sie planten, im nächsten Jahr wieder hierher zurückkehren und den Camino fortzusetzen. Auch Daniel wollte am nächsten Tag nur die 23 Kilometer bis Sahagún gehen. Dann ginge sich in der Folge nämlich eine Tagesetappe bis nach León aus. In dieser Stadt, einem Höhepunkt des Camino, wollte er übernachten und endlich den geplanten Ruhetag einlegen. Ich legte keinen Wert auf eine Übernachtung in León und plante daher, über Sahagún hinaus zu gehen. Wir unterhielten uns sehr gut und fröhlich an diesem für uns vier letzten gemeinsamen Abend, auch wenn Daniel seine Wettervorhersage wiederholte, dass es die nächste Zeit nur Regen und

Der letzte Abend mit dem Kanadier Daniel, der Spanierin Hannah und ihrem Vater.

später sogar Schnee geben würde. So recht konnte ich das nicht glauben, wir waren doch mitten im sonnigen Spanien! Beim Bezahlen der Rechnung stellte man mir ein Frühstück ab 7 Uhr in Aussicht.

Mittwoch, 6. November: Am Morgen ging ich um 7 Uhr aus meinem Zimmer in den Gastraum hinunter. Alles war finster und ruhig. Mir wurde klar, dass ich mit einem baldigen Frühstück nicht rechnen konnte. Also kehrte ich ins Zimmer zurück und verzehrte Kartoffelchips und ein letztes Stück Käse. Dann wollte ich das immer noch totenstille Haus verlassen. Aber ich brachte den Riegel zur Haustür nicht auf. So suchte ich in der Küche und Nebenräumen nach einem Nebenausgang, aber vergebens! Also doch wieder zur Haustür! Nach einer Zeit

Herumwuselnde Hunde mit Pilgerausrüstung.

des Grübelns durchschaute ich den Mechanismus doch noch, konnte den Riegel lösen und trat hinaus in die Freiheit.
Der nächste Ort wartete in sechs Kilometern Entfernung auf mich. Ich hoffte, dort eine offene Bar zu finden und wurde nicht enttäuscht. Es war ein neues Haus mit loderndem Feuer im Kamin und auch sonst gemütlichem Ambiente. Ich bekam dort die obligate Tortilla und mit tatsächlich viel mehr Energie – unglaublich, wie rasch so etwas wirkt – zog ich weiter. Im nächsten Weiler stieß ich auf alte Bekannte: der Kanadier Daniel und die Spanierin Hannah. Ihr Vater war schon vorausgegangen. Sie unterhielten sich mit einem mir bisher nicht bekannten Paar und wurden von einem Rudel kleiner Hunde umwuselt.

Der Mann, ein Franzose aus dem Piemont, begrüßte mich fröhlich und hinkte dabei nach der Art des Glöckners von Notre

Dame. Kurz dachte ich mir, was hat er denn? Da merkte ich, dass er mich nachahmte. Offensichtlich hatte ich schon eine fragwürdige Berühmtheit als hinkender Pilger erreicht. Ein wenig getroffen hat mich das schon, war ich mir doch meines offensichtlich deutlichen Hinkens gar nicht bewusst. Die vier kleinen Pilgerhunde zogen aber gleich meine Aufmerksamkeit auf sich. Sie hatten alle einen Rucksack umgebunden, in dem sie ihre Nahrung mittrugen. Stilgerecht baumelten auch Jakobsmuscheln an ihnen herab.
Wir setzten den Weg gemeinsam fort. Die vier Hündchen durften freilaufen und hatten so eine Freude dabei, dass man richtig davon angesteckt wurde. Sie jagten sich gegenseitig über die Felder und durch die Büsche, liefen wieder voraus und gehorchten manchmal sogar dem Ruf ihres Herrchens. Dieser erzählte uns genau die Geschichte jedes einzelnen der vier Hündchen und wie es sich mit ihnen so pilgerte. Eine Herberge oder Hotel konnten sie jedenfalls nicht aufsuchen, dort waren Hunde meist nicht erwünscht. So trugen seine Freundin aus Triest und er ein Zelt und alles Notwendige mit sich, um sich selbst zu versorgen. Wenn ich an die Temperaturen in der Nacht so um die Null Grad, dazu auch immer wieder an den Regen dachte, war das richtig bewunderns-, aber nicht beneidenswert.
Bei einer Weggabelung gab es zwei Varianten: die Kürzere führte entlang der Autostraße und die Längere über die Felder. Ich wählte mit Daniel und der Spanierin Hannah den kürzeren entlang der Straße. Das Pärchen mit den Hunden nahm den Weg über die Felder, denn neben der Straße hätten die Hunde nicht mehr frei laufen können.

León

Den restlichen Weg bis Sahagún erzählte Hannah, dass sie ihre Schwiegermutter vor drei Wochen gemeinsam mit ihren beiden Kindern in der Sterbestunde auf ihrem letzten Weg begleitet hatte. Auch Daniel hat – so wie ich – mit dem Tod in der engsten Familie schon Bekanntschaft machen müssen und mit Gesprächen über Tod und Leben verging die Zeit wie im Flug und wir erreichten Sahagún.

Die Geschichte dieser Stadt ist bestimmt von den Märtyrern Facundus und Primitivus, deren Märtyrertod im 3. Jahrhundert durch die Römer zu einer Klostergründung führte. Dieses Kloster wurde dann zur mächtigsten Abtei auf dem Jakobsweg, die sogar eigene Münzen prägen durfte. Die Bevölkerung schüttelte im Mittelalter das Joch der ungeliebten „monjes negros" (Benediktiner) ab und das Kloster wurde verwüstet. In der Stadt gibt es aber noch reichlich historisch und kulturell interessante Bauten. Gleich in dem ersten Bau, früher eine Kirche, ist die Herberge von Sahagún untergebracht. Dort trafen wir Hannahs Vater wieder und ich verabschiedete mich von ihm, seiner Tochter und dem Kanadier Daniel. Diese wollten hier über Nacht bleiben. Ich suchte mir im Stadtzentrum ein Restaurant zum Mittagessen. Ich geriet zufälligerweise in ein gehobenes Lokal, in dem kein Pilgermenu angeboten wurde. Das Tagesmenu war für spanische Verhältnisse mit € 16 nicht gerade billig, aber die Qualität dafür deutlich besser als bei den üblichen „menus de peregrino". Dafür musste ich auf alles sehr lange warten. Ich hatte zwar keinen Zeitdruck, aber bei dem kurzen Tageslicht am

Stadttor und Monasterio Real de San Benito in Sahagún.

Mönche und Ritter prägten die Stadt Sahagún.

Nachmittag und den zweieinhalb Stunden zum ausgewählten Ziel stieg die Unruhe doch mit der Länge der Wartezeit. Als das Essen dann endlich kam, schmeckte es dafür ausgezeichnet. Anschließend ließ ich mich von Google Maps zu einem Supermarkt führen. Dort erhielt ich endlich wieder glutenfreies Brot und deckte mich damit ausreichend für den Rest meiner Pilgerreise ein.

Gut gelaunt aufgrund meines erstandenen Brotvorrats wanderte ich auf meinen heutigen Zielort Bercianos del Real Camino zu. Vor dem Ort, schon in der beginnenden Dämmerung, sah ich bei einer kleinen, abseitsstehenden Kirche Pilger mit Hunden. Ich wich vom Camino ab und begrüßte die Gruppe vom Vormittag. Die Hunde sprangen mir freudig entgegen und der Franzose imitierte mit einem Grinsen wieder mein angebliches Hinken. Sie waren dabei, neben der Kirche ihr Zelt aufzuschlagen.

Die Vorstellung, bei dieser Kälte, abseits beleuchteter Häuser zu zelten, schauderte mich. Ich wünschte ihnen daher von Herzen alles Gute und verzog mich. In Bercianos fand ich bald ein Gasthaus, das ein Zimmer für mich bereithielt. Fein war, dass ich zum Abendessen nur einen Stock tiefer gehen musste. Am Nebentisch unterhielt sich schon lautstark eine Pilgergruppe, etwa ein Dutzend Asiaten. Mir fehlte die Lust, ihr angeregtes Palavern zu unterbrechen und Kontakt mit ihnen aufzunehmen. So fragte ich die Kellnerin nur mehr nach dem Frühstück, das sie für 8.30 Uhr ankündigte. Das war mir eine Stunde zu spät und so zahlte ich und ging schlafen.

Donnerstag, 7. November: Am Morgen stärkte ich mich mit einigen Kartoffelchips und zwei der gestern erworbenen Milchbrötchen. Dazu gab es lauwarmes Wasser aus der Wasserleitung. Für ein ordentliches Frühstück hoffte ich auf eine der nächsten Ortschaften, wo wohl wieder eine offene Bar zu finden sein müsste?

Dann brach ich auf, der Zugang zum Gastraum und dem Haupteingang war wieder einmal versperrt, aber ich fand leicht den offenen Hintereingang, für mich – Ausgang. Das Wetter war noch gut, zeitweise wärmten mich ein paar Sonnenstrahlen. Nach eineinhalb Stunden erreichte ich den nächsten Ort und hielt Ausschau nach einer offenen Bar. Aber vergebens, alles war geschlossen. Der Weg entlang der Hauptstraße war überschaubar attraktiv. Der Himmel hatte sich bewölkt und mir pfiff wieder einmal der kalte Westwind um die Ohren. Mir fehlte – vermutlich aufgrund des fehlenden Frühstücks – jede Energie und ich fragte mich ernsthaft, warum ich mir das antat. Aber der Lichtblick folgte: Ein größeres Wolkenloch versprach für zumindest ein Viertelstündchen Sonnenschein und zufälligerweise war ein Rastplatz in der Nähe. Müden Schrittes ging ich hin und legte mich in das verwelkte Gras, den Kopf auf den Rucksack gebettet.

Verlöschende Sonne am Camino Real.

Schnell war ich eingeschlafen. Das Mützchen voll Schlaf tat mir sehr gut und der nächste Ort sollte schon in zwei Kilometern folgen. Ich erwähne diese kleine Rast deswegen, weil es sich um die einzige dieser Art auf der gesamten Pilgerreise im Spätherbst handelte. Bei meinen anderen Wanderungen zu einer wärmeren Jahreszeit war das fast der tägliche Luxus. Meine bessere Laune verflog im nächsten Ort aber rasch wieder, denn auch dort war wieder alles zu. Nur ein winziger Laden hatte offen, wo mir ein alter Mann noch genießbares Obst verkaufte. Vor dem Geschäft standen zwei Pilgerinnen, welche ihre Mittagspause im Stehen und Frieren absolvierten. Was für ein Glück hatte ich doch eine halbe Stunde davor auf meinem Rastplatz gehabt! Mich reizte das Stehenbleiben nicht und so stopfte ich während des Weitergehens die gekauften Nüsse, die Banane und den Apfel in mich hinein.

Nach 26 Kilometern, also nach rund sechs Stunden ohne ordentliche Mahlzeit oder zumindest ein warmes Getränk, erreichte ich mit Mansilla de Las Mulas einen größeren Ort, der mir offene Lokale bot. Etwas abseits der Pilgerroute fiel ich wieder in ein etwas besseres Restaurant hinein, aber das störte mich überhaupt nicht, weil sich die höheren Preise wieder in einer besseren Qualität bemerkbar machten. Die restlichen sieben Kilometer nach Puente de Villarente waren im Verhältnis zum Vormittag richtig vollgeladen mit Kalorien und damit Energie. Daher konnte ich auch wieder die kleinen Schönheiten am Wegesrand würdigen, die der Camino aufmerksamen Pilgern bietet, wie zum Beispiel schönes Schilf neben dem Weg.

Ich hätte an diesem Tag nach dem Wiederfinden meiner Kraft durchaus noch länger gehen können, aber das Tageslicht ging schon zu Ende. Über eine sehr lange Brücke erreichte ich meinen Zielort Puente de Villarente. Dort hatte ich sogar die Auswahl unter mehreren Hostels direkt an der Hauptstraße. Ich suchte mir ein bescheidenes Quartier, in dem ich vom Barkeeper zu einem sehr niedrigen Preis (€ 25) ein anständiges Zimmer mit Bad zugeteilt bekam. Etwas kalt war es schon, aber ich redete mir ein, es würde wohl bald Wasser in die Zentralheizungskörper eingelassen werden. Richtig, ich hörte ein Rauschen in der Heizanlage und fühlte mich in meiner Erwartung bestätigt. Vom Mittagessen war ich noch so voll, dass ich auf ein Abendessen verzichtete. Weil mir so kalt war, blieb ich angezogen und deckte mich trotzdem im Bett zu. Nach einigen Stunden Zeit fühlte ich wieder den Heizkörper. Er war immer noch eiskalt. Ich überlegte mir hinunterzugehen und mich über die mangelnde Wärme zu beschweren. Gottseidank tat ich es nicht, sonst hätte ich mich wieder einmal blamiert. Zufällig fiel mein Blick auf die Decke, wo ein Heizlüfter montiert war. Dieser funktionierte auch anstandslos, man musste ihn nur einschalten. So brachte ich es dann nach einiger Zeit sogar über mich, in das

immer noch kalte Badezimmer zu gehen und zu duschen. Zum Schlafen stellte ich den Heizkörper aber ab, er machte zu viel Lärm.

Freitag, 8. November: Als ich aufwachte, streifte ich nur mit größter Überwindung die Bettdecke ab. Da ich die Heizung die Nacht über ausgeschaltet hatte, war es eiskalt im Zimmer und im Bad sowieso. So beschränkte ich die Morgentoilette auf das Notwendigste und ging einen Stock tiefer frühstücken. Die Bar hatte schon um 7 Uhr geöffnet. Bei der Kellnerin bestellte ich ein Frühstück ohne Brot und gab ihr von meinem glutenfreien ein paar Scheiben zum Toasten. Die Kellnerin fragte mich, was sie draufgeben solle, und sagte etwas von Oliven. In meiner Fantasie sah ich sie schon Schinken oder zumindest Käse mit Oliven bringen. Umso enttäuschter war ich, als sie das getoastete Brot wiederbrachte. Es war mit Olivenöl getränkt. Das war also das ganze Frühstück! Ich weiß wohl, dass die Spanier Brot und Olivenöl schätzen, aber meine Geschmacksnerven ließen sich nicht davon begeistern. Immerhin habe ich dieses typisch spanische Frühstück jetzt auch gekostet.

Einsam ging ich die nächsten drei Stunden durch den Speckgürtel der Stadt León Richtung Innenstadt. Es gibt dort ein eigenes Informationsbüro für die Pilger, wo ich mir einen Stempel und Informationen holte, die ich eigentlich gar nicht benötigte. Der Weg zur Kathedrale steigerte in einem schönen Crescendo die Attraktivität der Bauten und Straßen bis zum Höhepunkt, der gotischen Kathedrale.

Das Auge erfreut sich beim langen Gehen schon an kleinen Reizen der Natur wie etwa schönem Schilf am Wegesrand.

Sie ist unglaublich luftig und zierlich gebaut, mit über hundert bunten Glasfenstern. Diese lassen die Sonnenstrahlen zu jeder Tageszeit, veredelt durch die Farben und dargestellten Motive in das Hauptschiff der Kathedrale fallen. Ich löste ein Ticket, das mit fünf Euro für das sonst so billige Spanien recht selbstbewusst bepreist war. Dafür erhielt ich auch einen Audio-Guide auf Deutsch, von dem ich mich durch die Kathedrale führen ließ.
Unbedingt empfohlen wurde im Reiseführer auch die Kirche San Isidoro. Diese wollte ich ebenfalls noch besichtigen, wenngleich das wegen der vielen Gottesdienste häufig nicht möglich war. Ich kam aber gar nicht in die Verlegenheit, einen Gottesdienst zu stören. Ich lief schlicht und einfach an der richtigen Abzweigung vorbei.
Nicht vorbeigelaufen bin ich am Convento San Marcos. Dieses prachtvolle Gebäude, vor dem ich wie der in Metall gegossene Pilger nur Staunen konnte, dient jetzt als Parador (Palasthotel).

Diese Stadt wäre schon einmal einen Aufenthalt zur Besichtigung wert. Während der Pilgerreise fehlt mir immer die Lust, eine schöne Stadt näher zu erkunden. Man müsste sich dafür tatsächlich einen Ruhetag nehmen, aber in der Stadt herumzulaufen, ohne Fortschritte auf dem Pilgerweg zu machen, freut mich nicht. Wir Europäer haben den Vorteil – im Gegensatz zu den Pilgern aus Übersee – dass wir die sehenswerten Städte auch einmal in einen „normalen“ Urlaub leichter einplanen können. Der Pilgerweg dient also dazu, den Appetit für später anzuregen, sofern nicht unvorhersehbare Umstände dazwischenkommen.
Laut meinem Führer war mein nächstes Quartier weitere 24 Kilometer entfernt, also wollte ich mich nicht zu lange aufhalten.
Angekommen im nächsten Ort, Virgen del Camino, war es gerade 13 Uhr. Ich fragte in einem Fischrestaurant an der Straße, ob ich schon etwas zu essen bekäme. Ja, ich hatte Glück, allerdings war ich der einzige Gast. Erst beim Verlassen des Lokals um 14

Luftige Gotik der Kathedrale von León.

Uhr trafen auch andere Gäste ein. Nun war es wieder an der Zeit, „die Beine in die Hand zu nehmen“, um noch bei Tageslicht meinen Zielort San Martín del Camino zu erreichen.
Nach Virgen del Camino gabelt sich der Jakobsweg: Die um drei Kilometer längere Variante vermeidet die Hauptstraße. Ich konnte mir die zusätzlichen Kilometer nicht leisten und benützte die kürzere, neben der Hauptstraße führende Trasse. Siehe da, das hatte neben der kürzeren Zeit auch noch einen anderen Vorteil: An der Hauptstraße gibt es auch außerhalb der größeren Ortschaften Hotels. So sparte ich mir die letzten sechs Kilometer bis San Martín, da ich in Villadangos del Páramo ein recht ansehnliches Hotel entdeckte. Aber es war verschlossen. Da gewahrte ich ein Schild, wonach man läuten solle. Ich folgte der Anweisung und erhielt per Gegensprechanlage eine Zimmernummer und die Türe öffnete sich elektronisch. In der verwaisten Rezeption

Der Convento San Marcos in León wird vom eisernen Pilger bestaunt.

lagen viele Zimmerschlüssel. Ich suchte mir den passenden heraus und öffnete damit das für mich vorgesehene Zimmer gehobener Kategorie. Allerdings war sonst kein Mensch im Hotel zu sehen. War ich in einem Geisterhotel gelandet?

Über die Straße in etwa 500 Metern Entfernung schien sich ein großes Einkaufszentrum zu befinden. Nach der üblichen Körper- und Wäschepflege machte ich mich auf, etwas einzukaufen. Ich hielt Ausschau, wo ich denn wohl die stark befahrene Schnellstraße überqueren könne. Sicher ein höchst riskantes Unterfangen. Da sah ich zwei Verkehrspolizisten am Straßenrand, die ich fragte, wie ich am besten hinüberkäme. Sie fragten mich, warum ich das vorhabe und ich antwortete, um im Einkaufszentrum drüben einkaufen zu gehen. Da klärten sie mich auf, dass das gar kein Einkaufszentrum, sondern ein Baumarkt

sei. Einkaufen könne ich in San Martín, meinem ursprünglich ins Auge gefassten Nächtigungsort. Das ersparte ich mir und cancelte meine Einkaufspläne.
Das Zimmer war in der Bar im Nachbarhaus zu bezahlen, wo auch alle Dispositionen für das Geisterhotel getroffen wurden. Abendessen erhielt ich dort auch, allerdings – so wie in Spanien üblich – erst um 20.30 Uhr. Aber auch das war für dortige Verhältnisse noch zu früh. Der Koch speiste am Nebentisch und ging erst nach Beendigung seines Mahls gemütlich in die Küche, um seine Arbeit aufzunehmen.

Samstag, 9. November: Als ich mich am Morgen zur benachbarten Bar aufmachte, um zu frühstücken, begegnete ich im Flur noch drei anderen Gästen. Dazu warteten vor der leeren Rezeption zwei Rucksäcke auf den Weitertransport. Also doch kein Geisterhotel!
Von mehreren Varianten beim Weitergehen wählte ich jeweils die kürzeste, auch wenn es entlang der Hauptstraße eher langweilig war. Ein perfekter Regenbogen über den Feldern geriet daher zum einzigen Highlight der ersten Wegstrecke. Aber es wurde doch noch interessanter: die längste Brücke des Camino, die bei Hospital de Órbigo mit 20 Bögen das Tal des Flüsschens Órbigo überspannt. Auf dieser Brücke findet alljährlich ein Mittelalterspektakel statt. Damit wird an eine Liebesgeschichte erinnert, die sich zwischen einem tapferen Ritter und einem spröden Burgfräulein zugetragen haben soll. In dieser Geschichte spielen ein eisernes Halsband und zahlreiche Duelle eine wesentliche Rolle, also beste Zutaten für ein historisches Fest!

Dann ging es eine Anhöhe hinauf, wo das Crucero de Santo Toribio in mir noch einmal schöne Erinnerungen an das Stück Kreuzesholz von Toribio de Liébana weckte. Von dieser Anhöhe blickte ich auch das erste Mal auf die Stadt Astorga. Bei der in

Zwanzig Bögen der Brücke überspannen den Río Órbigo.

der Bibel beschriebenen Stadt auf dem Berge könnte von Astorga die Rede gewesen sein.
Als Kreuzungspunkt zwischen der Via Traiana nach Bordeaux und der Via de la Plata aus dem Süden besaß diese Stadt schon unter den Römern große Bedeutung. Hier wurde außerdem im 3. Jahrhundert der erste christliche Bischofssitz errichtet.
Kurz vor Erreichen der Stadt überschritt ich noch eine alte Römerbrücke und stieg zur Puerta del Sol, dem Zugang von Osten in die Altstadt, hinauf.

Ab hier säumen eindrucksvolle Klöster und andere historische Bauten den Weg. Vom Hauptplatz mit einem schönen Rathaus bog ich um eine Ecke und verfiel in begeistertes Staunen. Vor mir öffnete sich der Blick auf die Kathedrale und den von Antonio Gaudi 1913 geschaffenen Bischofspalast. Die Abendsonne beleuchtete die prachtvolle Fassade der gotischen Kathedrale aus dem 15. Jahrhundert.

30 Kilometer hatte ich heute bereits zurückgelegt. Es war mir keine offene Bar oder ein Restaurant untergekommen. Hier in Astorga war die Auswahl jedoch groß und die Zeit passte, da noch nicht 16 Uhr und damit früh genug fürs Mittagessen. Aber siehe da, in zwei Lokalen war alles voll und man schickte mich weiter. Es war Samstagnachmittag. Im dritten Restaurant hatte ich Glück und erhielt ein ausgezeichnetes Menu mit den üblichen drei Gängen. Dann suchte ich mir ein schönes Mittelklassehotel und war zufrieden mit mir und der Welt. Vor dem Vorabendgottesdienst war noch genügend Zeit zur Besichtigung der Kathedrale. Auch dieses Gotteshaus ist als Museum gestaltet und nur mit Bezahlung zu betreten. Das Innere wäre für sich allein interessant gewesen, nur hatte ich gestern die Kathedrale in León besichtigt und da fiel die in Astorga schon etwas ab. Dafür ist die auf einem Berg gelegene Altstadt mit krönender Kathedrale weit eindrucksvoller als das Stadtbild von León.
Im Heiligen-Geist-Konvent, einem Frauenkloster, besuchte ich dann die ernst und würdig gefeierte Abendmesse, der eine Anbetung des ausgesetzten Allerheiligsten voranging. Zurück in meinem Zimmer setzte ich mich über die Anweisung hinweg, dass man in den Räumen nichts essen sollte und machte es mir gemütlich, soweit das mit sich allein möglich ist.

Sonntag, 10. November: Zum Frühstück um 7 Uhr war ich in der Bar des Hotels noch der einzige Gast. Es war mir gestern Abend ein glutenfreies Brot versprochen worden. Geworden ist es dann ein Zwieback mit Butter und Marmelade. Aber es hätte auch noch weniger sein können. Meine Wetter-App sagte für diesen Tag Regen an. Ich zog mir deshalb gleich die Regenhose an. Beim Verlassen von Astorga ging gerade wunderschön die Sonne auf. Ich dachte mir, wie kann sich ein Wetterbericht so irren und suchte nach einer passenden Sitzgelegenheit, um die Regenhose wieder auszuziehen. Glücklicherweise kam eine solche Gelegenheit nicht so rasch, denn bald gewahrte ich eine dunkle Regenfront herannahen. Ich zog mein Regencape aus dem Rucksack und versuchte, es wieder einmal über Kopf UND Rucksack zu stülpen. Der auffrischende Wind erschwerte dabei den erneuten Kampf mit dem Drachen. Leider war nämlich weit und breit niemand zu sehen, der mir zu Hilfe hätte eilen hätte können. Viele Verrenkungen und gymnastische Übungen später hatte ich es endlich geschafft, Kopf und Rucksack mit dem Cape zu bedecken. Mittlerweile hatte sich auch der Regen schon ordentlich breitgemacht. Um nicht neuerlich den Kampf aufnehmen zu müssen, ging ich die nächsten sechs Stunden ohne stehenzubleiben und die Trinkflasche aus dem Rucksack zu nehmen. Aber ausgetrocknet bin ich bei dem Regen auch so nicht.

Der Weg führte immer weiter hinauf in die Montes de León. Vorerst mischten sich nur ein paar Schneeflocken in den Regen, dann errangen sie die Oberhand und es dauerte nicht lange und ich stapfte durch den frisch gefallenen Schnee. Das klingt recht romantisch, aber die Unebenheiten des Weges wurden vom Schnee zugedeckt, und um nicht zu viel zu stolpern, holte ich die Stöcke aus dem Rucksack. Ich verwendete sie seit einiger Zeit nicht mehr, weil mich seit einigen Tagen starke Schmerzen im linken Unterarm peinigten. Ich hatte den Prellungen, die beim Stockeinsatz auf hartem Untergrund entstehen, die Schuld für diese offensichtliche Entzündung gegeben und die Stöcke in den Rucksack gepackt. Ein Schneesturm blies mir ins Gesicht, der auch den Alpen alle Ehre gemacht hätte. Endlich erreichte ich das Bergdorf Foncebadón auf 1432 Meter. Eigentlich wollte ich dort nur Mittagessen und noch gute zwei Stunden auf der anderen Seite des Passes hinuntergehen, aber bei diesen

Der Bischofspalast in Astorga wurde von Antonio Gaudi im Jahre 1913 gebaut, die Kathedrale stammt aus dem 15. Jahrhundert.

Verhältnissen begann ich zu zweifeln, ob ich den Weg überhaupt gut finden würde. Das Bergauf-Stapfen durch den Schnee hatte auch meine Kraftreserven ziemlich angeknabbert. Das einzige Gasthaus in Foncebadón war nicht zu übersehen, zumal einige Regencapes und Rucksäcke vor der Türe auf das Wieder-Erscheinen ihrer Träger warteten. Auch ich entledigte mich meines nassen und kalten Capes und hängte es, wenn schon nicht zum Trocknen, so wenigstens zum Abtropfen und Abtauen auf. Die Gaststube war gut mit Pilgerinnen und Pilgern gefüllt und ein großer Teil machte sich gerade auf, zum nächsten Bergdorf weiterzuwandern. Das beseitigte meine Zweifel. Ich dachte mir, wenn die anderen weitergehen, dann kann ich das auch. Vor allem würden die Spuren im Schnee noch gut zu finden sein. Aber vorerst ließ ich mir das Mittagessen gut schmecken und lud so die Batterien meines Körpers wieder etwas auf.

Das Cruz de Ferro, an dem die Pilger einen Stein aus der Heimat ablegen.

Nach dem Essen ließ ich mir beim Umhängen des nassen und kalten Capes helfen und marschierte los. Nach einer Viertelstunde erreichte ich den höchsten Punkt des Camino auf 1495 Meter, wo das Cruz de Ferro errichtet ist.

Dieses Kreuz ist von einem großen Steinhügel umgeben. Es ist seit jeher üblich, dass Pilger aus ihrer Heimat einen Stein mitnehmen und ihn bei diesem Kreuz ablegen, um sozusagen das Alte und Schlechte aus der Heimat hierzulassen. Ich hatte von zu Hause nichts Schlechtes mitgebracht und daher auch keinen Stein mitgenommen.

Endlich ging es wieder abwärts. Vorerst benützte ich noch den Pilgerweg, aber es war sehr schlecht darauf zu gehen, Schnee, Schlamm und Pfützen ließen mich nur langsam vorankommen. Daher wechselte ich auf die nahezu parallel führende Autostraße, zumal der Verkehr offensichtlich völlig zum Erliegen

Verschneites Unterholz in den Montes de León.

gekommen war. Ein Auto entdeckte ich, es lag samt Fahrer im Straßengraben. Ich fragte den Verunglückten, ob ich ihm helfen könne. Er verneinte und sagte, dass der Pannendienst schon unterwegs sei. Auf der Straße mit unberührter Schneeauflage war es nicht schlecht zu gehen und so erreichte ich bald die Regionen, wo der Schnee in Regen überging und die weiße Decke von dunklem Asphalt abgelöst wurde.

Es dämmerte schon, als ich das Bergdorf El Acebo erreichte. Gleich im ersten Gasthaus fragte ich nach Quartier, die nette Dame wies mich aber unbarmherzig mit dem Hinweis ab, dass alles voll sei. Ich überlegte mir schon, ob ich in das eine weitere Stunde entfernte nächste Bergdorf ziehen müsse, natürlich schon in der Dunkelheit. Da tauchte eine Herberge auf, die mir allemal besser erschien, als todmüde noch eine Stunde in der Dunkelheit zu gehen. Sie war auch sehr gemütlich und der

Foncebadón in den Montes de León.

freundliche Wirt wies mir ein freies Bett im Schlafsaal für 20 Personen zu und händigte mir das übliche Plastik-Leintuch und den Kopfpolsterüberzug aus. Ich bezog das obere eines Stockbetts, unter mir hatte es sich schon eine junge Asiatin gemütlich gemacht. Auch die anderen 19 Betten waren fast vollzählig belegt. Viele Nationalitäten waren vertreten, Asiaten, Italiener, Spanier … nur deutsche Worte waren nicht zu vernehmen. Überall hingen nasse Sachen herum und es war nicht einfach, noch ein Plätzchen für die eigenen Kleidungsstücke zu finden. Ich beschloss, heute Abend nicht nur nicht zu duschen, sondern die Kleidung auch zum Schlafen anzulassen. Erstens gab es bei der vollen Herberge vermutlich kaum mehr warmes Wasser und zweitens war mir noch nicht so warm, als dass ich mich jetzt hätte entkleiden wollen. Bei den vielfältigen Düften des Raumes spielte das auch schon keine Rolle mehr. Waschen und

Zähneputzen im Waschraum war auch so enervierend. Denn der Zeitschalter für das Licht war so kurz eingestellt, dass einem während des Waschens und Zähneputzens andauernd das Licht ausging. Wo findet man im Stockdunklen so schnell den Lichtschalter, vor allem mit nassen Händen oder mit der Zahnbürste im Mund?

Voller Erwartung, aber keiner freudigen, fragte ich mich, wie die kommende Nacht wohl verlaufen würde?
Nach dem Abendessen versuchte ich noch möglichst viel Zeit in der Gaststube zu verbringen, bevor ich mich in den Schlafsaal zurückzog. Aber irgendwann musste es doch sein. Behutsam kletterte ich auf mein Stockbett, um die unter mir liegende Frau nicht zu stören, entledigte mich meiner Wanderhose und schlüpfte in den Schlafsack. Dann begann nach einer kurzen Phase des Eingedämmert-Seins das Warten. Schnarchen von hier und dort, Schlagen der Tür zum Eingang und zum Waschraum, Grummeln und Schnaufen, es war eine Kakophonie von bunten, aber nicht harmonischen Klangerlebnissen. Aber siehe da, ich schätze so gegen 2 Uhr, war die Zeit des Horchens und Wartens unvermittelt zu Ende und ich schlief noch tief und fest bis etwa 6.30 Uhr.

Das Bierzo

Montag, 11. November: Es war alles noch dunkel und ruhig, als ich mithilfe der Taschenlampe vom Bett herunterkletterte und die Waschräume aufsuchte. Die frühe Stunde war von großem Vorteil, denn ich hatte alles für mich allein. Lästig war nur das so rasch verlöschende Licht, aber mittlerweile wusste ich schon, wo ich den Schalter im Dunkeln fand. Dann packte ich im Licht der Taschenlampe meine Siebensachen zusammen, immer im panischen Gefühl, ich werde etwas vergessen. Im Stiegenhaus war schon Licht und ich fand einige andere Pilger vor. Der eine war dabei, fluchtartig das Haus zu verlassen, seiner Aussage nach hatte er nur rund eine halbe Stunde geschlafen. Mit mir kleidete sich ein weißhaariger Pilger auf der Treppe an. Es war der 79-jährige Australier Graham, der aufgrund einer Freundschaft aus den Fünfzigerjahren des vorigen Jahrhunderts Österreich vom Skifahren gut kannte. Was mir bei ihm und dem mittlerweile hinter mir pilgernden Kanadier Daniel Bewunderung und Respekt abnötigte, war, dass sie in ihrem hohen Alter noch die Strapazen von Herbergs-Nächtigungen auf sich nahmen. Mir war schon die heutige Nacht eine zu viel gewesen. Die Herbergsleute hatten gestern Abend angekündigt, dass heute Ruhetag wäre. Das heißt, dass man sich nach der Übernachtung nach draußen verziehen muss, weil die Gasträume verschlossen sind. Ein Getränkeautomat befand sich am Ende der Stiege, bei dem ich mir einen Espresso herunterließ. Aber sonst gab es nicht einmal einen Aufenthaltsraum, wo man ein Brot hätte essen können. Deshalb verließ ich – so wie die anderen Pilger, die schon wach waren – rasch die Herberge.

Malerisches Dorf in den Montes de León.

Große Armut herrscht in den Bergdörfern des Bierzo.

Auf einem schönen, aber rutschigen Pilgerweg schritt ich dem Bierzo zu. Das Bierzo ist ein Becken mit Obst- und Weinanbau, umgeben von bis zu 2000 Meter hohen Bergen. Dadurch ist die Gegend gegen die kalten Winde gut geschützt und sehr fruchtbar. In den Bergen merkt man vom Wohlstand dieser Region noch nichts, die Häuser sind zu einem Teil verwahrlost und wirken sehr verarmt. Graham, der fast achtzigjährige Australier, war beim Bergabgehen schneller als ich, aber aufgrund der Vorgeschichte mit meinem Knöchel bewegte ich mich lieber vorsichtig den glitschigen Bergweg hinab.

Als Frühstück hatte ich nur den besagten Espresso aus dem Automaten und warmes Wasser aus der Wasserleitung genossen. Ich rechnete wieder einmal damit, in einem der nächsten Orte etwas Ordentliches zu bekommen. Aber es war Montag, an

Burg der Tempelritter in Ponferrada.

dem viele Gastbetriebe Ruhetag haben. So hatte ich kein Glück. Nach zwei Stunden erfolglosem Ausschauhalten nach einer offenen Bar gab ich auf, blieb stehen und gönnte mir Nüsse und Rosinen als Frühstück. Gegen 12 Uhr erreichte ich Ponferrada, die Hauptstadt des Bierzo.

Dieser Ort erlangte seine Bedeutung nicht zuletzt als Stützpunkt des sagenhaften Ordens der Tempelritter. Entsprechend wehrhaft und beeindruckend ist auch die Kulisse für den die Altstadt betretenden Pilger. Für ein Frühstück war es schon zu spät und zum Mittagessen noch zu früh. Bei der Einkehr am Hauptplatz gönnte ich mir daher neben Tee und Kaffee die übliche Kartoffel-Tortilla und als Krönung ein großes Eis. Ich bemerkte zwar die Verwunderung der Kellnerin über meine Speisenwahl, aber ich tat so, als wäre das für mich völlig normal.

Die nachmittägliche Wanderung durch das Bierzo ließ mein Pilgerherz wieder höherschlagen. Die Sonne schien angenehm warm. Weingärten und Obstbäume säumten meinen Weg. Von Feigenbäumen am Wegesrand suchte ich mir die eine oder andere genießbare Frucht. Die Kulisse erinnerte mich an die Toskana. Aber die ringsum liegenden, oben angezuckerten Berge verliehen dieser fruchtbaren Gartenlandschaft einen unverwechselbaren Charakter.

Mitten am Nachmittag erreichte ich Cacabelos, wo ich nächtigen wollte. Es war noch vor 16 Uhr, also konnte ich noch mit einem Mittagessen rechnen. Für mich als Pilger die ideale Zeit, weil ich dann kein Abendessen mehr brauchte. Das Internet konnte nur ein Restaurant finden, das am heutigen Montag offen hatte. Es war eine Art Nobelrestaurant, das in einem landestypischen Gutshof mit Innenhof, Galerie, viel Holz und Weinreben untergebracht war. Ich fühlte mich wohl in dem üppig ausgestatteten Speisesaal, obwohl eine lebensgroße und nackte Bacchusstatue mir Gesellschaft leistete. Von der Speisekarte bestellte ich mir ein landestypisches Fleischgericht und einen Wein aus der Region. Wenn schon Bierzo, dann auch mit allen Facetten! Die Speise kam und ich bereute gleich meinen Entdeckermut. Das Fleischgericht duftete derart nach Schlachtabfällen, dass mir sogleich der Appetit verging. Es muss sich um einen zerlegten Schädel oder Ähnliches gehandelt haben. Jedenfalls waren die Fleischfetzen von vielen Knochen abzulösen oder abzunagen. Mit Todesverachtung langte ich trotzdem zu, mit dem guten Wein konnte ich alles hinunterspülen. Einiges an Knorpeln, Flaxen und Fleischfetzen habe ich aber übriggelassen. Ich brachte es nicht über mich, auch das noch zu verspeisen. Eine Nächtigung wäre in diesem Gutshof ebenfalls möglich gewesen, aber das war mir für einen Pilger doch zu hochpreisig.
Dafür war dann das ausgewählte Hotel ein Volltreffer. Ein besonders netter alter Herr (hoffentlich war er nicht jünger als ich?)

Weinberge im Bierzo.

wies mir ein wunderschönes Zimmer zu einem angemessenen Pilgerpreis zu. Nach der Nacht in der Herberge ohne Körper- und Wäschepflege war das genau das Richtige für mich und ich fragte ihn, ob es auch die Möglichkeit zum Waschen der Wäsche gäbe. Er bejahte und sagte, er werde es mir zeigen, wenn ich mich eingerichtet hätte. Ich fand, dass sich auch meine Wanderhose nach rund zwei Wochen Pilgern eine Wäsche verdient hatte und zog nach der Dusche meine Regen-Überhose an. Mit dem Paket der gebrauchten Wäsche ging ich erwartungsvoll hinunter zum freundlichen alten Herrn. Dieser führte mich aber nicht zum Waschraum des Hotels, wie ich erwartet hatte, sondern auf die Straße. Dort beschrieb er mir, wohin ich gehen müsse. So gelangte ich zu einem Waschsalon, wo ich mich in die Schlange der wartenden Hausfrauen einreihte. So hatte ich Gelegenheit zu beobachten, welchen der Automaten ich auf welche Weise

Fruchtbares und liebliches Bierzo.

benützen musste. Ich wollte mir eine erneute Blamage wie in Puente la Reina, ersparen. Aber es ging alles glatt, auch wenn ich geschätzt nur ein Zehntel des Volumens des Waschautomaten ausschöpfte. Wieder zurück im Hotel ließ ich mir wegen der Erfahrungen der vergangenen Nacht vom freundlichen Herrn in der Rezeption in einem Berggasthaus in O Cebreiro für die kommende Nacht ein Zimmer reservieren. Es stand mir nämlich wieder eine Bergetappe bevor. So ging der Tag mit einem Gefühl des Wohlbefindens und der Zufriedenheit mit mir selbst und meiner Umgebung zu Ende. Vergangene Nacht hatte ich das nicht behaupten können. Aber oft braucht es auch negative Erfahrungen, um das völlig Normale umso mehr schätzen zu können.

Dienstag, 12. November: Das Hotel bot auch ein gutes Frühstück samt glutenfreiem Brot für mich. Beim Hinauswandern aus Cacabelo kam mir ein junger Spanier namens Daniel unter. Er sprach gut Deutsch, denn seine Mutter war Deutsche. Da es soeben zu tröpfeln begonnen hatte, nutzte ich seine Gegenwart und ließ mir ins Regencape helfen. Trotz des leichten Regens war der weitere Weg durch das Bierzo wunderschön und ich fühlte mich erneut wie in die Toscana versetzt.

Weinfelder und Obstbäume säumten den Weg und von den Hügeln grüßten einsame Gehöfte. Diese liebliche Landschaft führte mich bis nach Villafranca del Bierzo. Dort steht vor dem Ortsbeginn eine Kirche mit romanischem Portal, dem Puerto del Perdon. Im Mittelalter erhielten Pilger, die wegen Krankheit oder Gebrechen nicht mehr weitergehen konnten, den Erlass ihrer Sündenstrafen, also einen Ablass, wenn sie zumindest dieses Puerto del Perdon durchschritten. Ich war noch gut beisammen und musste diesen vorzeitigen Ablass nicht in Anspruch nehmen.

Dann spazierte ich durch die engen Altstadtgassen und tauchte in die erste Bergschlucht der Sierra de Calderon ein. Mit der Lieblichkeit des Bierzo war es schlagartig vorbei. Mein Führer verhieß mir einen wunderbaren Weg durch das liebliche Valcarce-Tal. So lieblich sollte es sich für mich aber nicht erweisen. Aufgrund der Enge des Tals müssen sich die Pilger hier damit abfinden, dass auch die Nationalstraße und die Autobahn ihren Platz beanspruchen. Der Dauerregen und die tief von den Bergen herunterhängenden Wolken taten ein Übriges, um den etwas düsteren Eindruck dieses Wegabschnitts noch zu verstärken.
Um die Mittagszeit versuchte ich irgendwo einzukehren, wo es etwas „Gescheites“, also nicht nur Fast Food, gab. Die Hauptstraße und die Autobahn hatte ich schon hinter mir gelassen. Nach einigen erfolglosen Versuchen gönnte ich mir im Stehen

Puerto del Perdon in Villafranca del Bierzo.

ein paar Nüsse. Dabei wurde mir schnell die Problematik der Pausen im Regen klar: Unter dem Regenschutz fängt man unweigerlich zu Schwitzen an. In einer Pause dauert es aber nur wenige Minuten, bis die Kälte die Beine hochkriecht. Man hat aber nicht genug Kleidung, um sich mehrmals am Tag umzuziehen. Perfekte Voraussetzungen für eine Verkühlung, die ich aber ganz und gar nicht brauchen konnte. Also ging ich rasch weiter und hatte Glück. An einer Bar in dem sich immer mehr verjüngenden Tal konnte ich nicht vorbeigehen. Es gab zwar nur eine eingeschränkte Speisenauswahl, aber es war etwas für mich dabei. Was vor allem für meine Situation perfekt war: Der einzige freie Tisch befand sich direkt vor einem Kaminofen, in dem das Feuer loderte. So blieb mir ein Frösteln in meiner angeschwitzten Kleidung erspart und ich konnte mich am wohlig warmen Feuer aufwärmen und trocknen. Neben mir saß eine

Pilgergruppe aus Italien und einige Einheimische. Auch der junge Spanier Daniel von heute Morgen schaute vorbei. Er war zwar viel schneller als ich, aber kehrte offensichtlich öfter ein. Nach dem Essen ließ ich mir von einer mondänen Dame aus der italienischen Pilgergruppe in mein Regencape helfen und brach so wie meine Mitpilger zum letzten Abschnitt des heutigen Tages auf. Dieser sollte es noch in sich haben: Der Regen war stärker geworden. Wie die anderen Pilger zweigte ich von der Landstraße auf den Bergweg ab, der sich nach O Cebreiro hinaufzieht. Das Regenwasser rann uns in vielen kleinen Rinnsalen entgegen. Schlammigen Passagen konnte ich durch Tempelhüpfen auf den runden Steinen gut ausweichen. Bei der Steigung über viele Hundert Höhenmeter genoss ich das Terrain, in dem ich mich als österreichischer Bergsteiger wie zu Hause fühlte. Hier sollte laut meinem Führer die Landschaft besonders lieblich sein. Davon war nicht viel zu sehen. Regen, Nebel und die einsetzende Dämmerung ließen das nur erahnen. Auch für mich halbwegs Durchtrainierten wurde es schön langsam zäh. Ich fragte mich, ob die vorher angetroffenen Italiener das wohl schaffen würden. Nur der junge Spanier Daniel hatte mich auch hier schon wieder überholt. Bei seiner Pause an einem Bergbauernhof ging ich aber gnadenlos wieder vor. Schön langsam schraubte ich mich an die Schneefallgrenze heran und rechnete schon damit, wieder im Schnee stapfen zu müssen.

Galicien

Völlig unvermittelt traf ich auf den Grenzstein mit imposantem Wappen, der die Grenze zu Galicien markiert und jubelte innerlich. Galicien, die Provinz meines Zieles Santiago, der Anfang des Endes war erreicht! Nahezu unglaublich war der Unterschied in der Wegbeschaffenheit: In León ein schlammiger, steiniger Bergpfad, in Galicien ein gepflegter, breiter Schotterweg mit Kilometersteinen, welche die jeweilige Entfernung nach Santiago anzeigen. Jetzt dauerte es auch nicht mehr lange bis zum Bergdorf O Cebreiro. Nach einer Kurve tauchte das Kirchlein vor mir auf.

Ich ging hinein und war sofort fasziniert. Völlig allein im halbdunklen Raum, in dem nur der Altar und die Seitenkapelle beleuchtet waren, lauschte ich den wunderschönen gregorianischen Chorälen aus dem Hintergrund. In der Kirche befindet sich der „galicische Gral", von dem folgende Geschichte erzählt wird: Ein einfacher Bauer hatte als einziger Gläubiger bei schlechtem Wetter den steilen Weg auf sich genommen, um die Messe zu hören. Der Priester, der nicht mehr an seine Wandlungskraft über Brot und Wein glaubte, hielt diesen Mann deswegen für einen Einfaltspinsel. Da verwandelten sich bei der Wandlung in seinen Händen Hostie und Wein zu menschlichem Fleisch und Blut.
In vielen Sprachen, darunter auch auf Deutsch, wurde hier dazu eingeladen, folgendes Gebet zu sprechen:

Flüsschen im Valle del Valcarce.

Bergkirchlein in O Cebreiro.

„Höchster glorreicher Gott,
erleuchte die Finsternis meines Herzens
und schenke mir rechten Glauben,
gefestigte Hoffnung und
vollendete Liebe!
Gib mir, Herr, das rechte Erkennen und Empfinden,
damit ich deinen
wahrhaften Auftrag erkenne und erfülle.
Amen“

Ich wäre gerne noch länger in diesem Heiligtum geblieben, aber nass und verschwitzt wollte ich mich nicht zu lange der Kälte der Bergkirche aussetzen. Bereits vorausblickend kann ich sagen, dass das der geistliche Höhepunkt meiner Pilgerreise war. Ich suchte das einzige Hotel des Bergdorfs auf und erhielt das

Zimmer im Berghotel in O Cebreiro.

für mich vorgesehene Zimmer. Ich pries mich glücklich, reserviert zu haben. Hier hätte ich sonst mit Sicherheit wieder im Schlafsaal der Herberge nächtigen müssen. Sogar ein Bad in der Badewanne konnte ich nehmen und somit die Kälte des langen Marsches aus den Knochen vertreiben. Es waren immerhin rund 37 Kilometer und 1100 Höhenmeter gewesen, also wesentlich länger, wenn auch etwas weniger Höhenmeter als die Pyrenäen-Etappe vom ersten Pilgertag. Das Hotel – und damit auch mein Zimmer – war alt und strahlte mit seinen teilweise unverputzten Backsteinen den Charme einer komfortablen Schutzhütte in den Alpen aus.

Beim Abendessen im Restaurant bestellte ich Forellen, die insofern erwähnenswert sind, als es drei Babyfische waren, die man bei uns sicher wieder ins Wasser zurückgeworfen hätte. Dafür waren die kleinen, zarten Grätlein im Mund kein Problem.

Auch die italienische Gruppe hatte es zu meinem Erstaunen gut hier heraufgeschafft. Während ich nach dem Essen, an der Bar stehend, auf das Bezahlen-Dürfen meiner Rechnung wartete, beobachtete ich drei Frauen, die einen Korb voll gebratener Edelkastanien vor sich stehen hatten und diese schälten. Sie boten mir netterweise an, welche zu nehmen. Gerne schälte ich mir einige. Sie waren knusprig und wohlschmeckend, wenn auch, wie die Forellen, ziemlich klein.

Mittwoch, 13. November: Heute war ich wieder einmal der Erste beim Frühstück. Es regnete noch immer in Strömen. Zu gern hätte ich noch in der Kirche vorbeigeschaut, aber um diese Tageszeit wäre das sicher vergebens gewesen. Also zog ich allein im Dunkeln und im Nebel los. Heute lagen rund 1 500 Meter Abstieg vor mir, das würde wohl der größte Belastungstest des Camino für meine Knie werden. Die versprochene Wetterbesserung ließ sich Zeit. Nebel und Nieseln waren meine vormittäglichen Begleiter. Kurz vor Triacastela holte ich eine Kuhherde ein, die von einer Hirtin und mit der Hilfe eines Hundes auf dem Camino talwärts getrieben wurde. Ich schickte mich an, die in losen Abständen gehenden Kühe zu überholen, da warnte mich die Hirtin, wobei ich so viel verstand, dass ich das nicht tun solle, weil vorne ein „Toro" (Stier) gehe, der das nicht sehr schätze. Das war ein starkes Argument für mich.
Ich reihte mich als Letzter in die Kuhherde ein und trottete nach. Nach einiger Zeit hatte ich mein Dasein als Rindvieh aber satt, erklomm eine Böschung und versuchte über eine Wiese die Herde links zu überholen. Aber ach, die Wiese endete und ging in Dickicht über. Ich kehrte reumütig zum Pilgerweg zurück. Die Herde war schon um einiges weitergekommen und bis ich sie dann wieder eingeholt hatte, bog sie endlich vom Camino ab.
In Triacastela wären mir einige Restaurants zur Verfügung gestanden, aber es war vor 12 Uhr, also in Spanien noch nicht

Kein Vorbei an der Kuhherde.

Mittagszeit. Also tröstete ich mich wieder einmal damit, dass ich später schon etwas finden würde, zumal der Ort Samos in etwa vier Kilometer auf mich warten sollte. Kurz nach Triacastela gabelt sich der Weg und eröffnet zwei Varianten. Die um acht Kilometer längere führt über Samos. Die somit um zwei Stunden kürzere Variante führt über „Nichts". Bei der Wahl, ob zwei Stunden länger und Mittagessen oder acht Kilometer kürzer entschied ich mich fürs Fasten.

Landschaftlich ist Galicien einzigartig. Alte, vermooste Bäume, teilweise undurchdringliches Dickicht und dann wieder schöne Weiden wechseln einander ab. Angeblich regnet es in Galicien an 300 Tagen im Jahr. Diese Feuchtigkeit sieht, spürt und riecht man. Die Wege sind glitschig, die Gehöfte meist voller Dreck und alles riecht modrig. So strahlt die wunderschöne Landschaft

Gastfreundliche Künstlerkolonie in Galicien.

– zumindest zu dieser Jahreszeit – etwas von Fäulnis und Absterben, aber auch von Melancholie aus.

Bei einem recht langen Anstieg merkte ich, wie meine Kraft immer mehr schwand. Daher setzte ich mich in einer alten, vermoosten Brunnenanlage auf den nassen Stein und verzehrte meine letzten Essensreste. Das waren zwei Scheiben Brot und eine halbe Tafel Schokolade. Ein Vöglein mir roter Brust gesellte sich zu mir und wollte mit mir jausnen. Ich gab ihm bereitwillig von meinem Brot, das glutenfreie Gebäck konnte das Tier aber nicht begeistern. Dafür waren die Bröselchen Schokolade, die ich erübrigen konnte, schnell weg. Bei dieser Rast mit Gesellschaft habe ich aber doch neue Kräfte geschöpft und zog weiter.

Im Lauf des Nachmittags kam ich bei einer Art Künstlerkolonie vorbei. In einer offenen Scheune banden drei junge Damen auf den Sofas Blumen. Junge Männer gingen irgendwelchen handwerklichen Tätigkeiten nach. Die vorbeikommenden Pilger wurden zu Obst, Kaffee, Suppe und ähnlichem eingeladen. Überall wuselten Hunde herum. Es sah originell, wenn auch nicht sehr gemütlich aus. Denn es ließ vermuten, dass auch viele kleine, nicht sichtbare Lebewesen mit von der Partie waren. Ich ließ mich gerne zu einem Kaffee und etwas Obst einladen, nahm aber nicht auf einem Sofa, sondern aus hygienischen Gründen lieber auf einem alten, wackeligen Stuhl Platz. Damit nahm eine kleine Slapstick-Show ihren Anfang, deren Hauptdarsteller ich zu meinem Leidwesen sein würde. Eine junge Dame brachte mir den Kaffee, von dem ich kurz nippte. Er war lauwarm und schwach. Da sich das Wetter gebessert hatte, stand ich auf, um mich meiner Regenhose zu entledigen. Dabei blieb ich an dem wackeligen Stuhl hängen und fiel samt Kaffee und Regenhose der Länge nach hin. Um den Kaffee war mir nicht leid, aber dass alle jungen Leute auf mich zustürzten, um dem „alten Mann" zu helfen, war mir schon sehr peinlich. Ich sagte den Leuten, dass alles in Ordnung sei und ich auch keinen Kaffee mehr wolle. Dann nahm ich mir noch einen Apfel und eine Banane und hinterließ eine großzügige Spende. Nach kurzer Verabschiedung verließ ich die Scheune und bog ums Eck. Da bemerkte ich eine Regenfront im Anmarsch. Also drehte ich wieder um und kehrte unter das Dach der Scheune zurück, um meine Regenhose anzuziehen und mir mit dem grünen Drachen helfen zu lassen. Diesmal ergab ich mich aber in mein Schicksal und nahm auf einem Sofa neben einer jungen Dame Platz und ließ mir beim Anziehen helfen. Alles Weitere ging problemlos vor sich und ich verabschiedete mich ein zweites Mal. Nur eines ist noch bemerkenswert: die dunkle Wolke verzog sich ohne Niederschlag, sodass ich mich nach einer halben Stunde der Regenkleidung wieder entledigte. Sogar die Sonne kam hervor und ich staunte über die nun deutlich werdende Schönheit der Landschaft Galiciens und kam mir privilegiert vor, dass ich sie sogar bei gutem Wetter bewundern durfte.

Galicische Hügellandschaft ohne Regen.

Bei einigen kleineren Abstiegen merkte ich doch, dass die fast 1500 Höhenmeter heute nahe an die Belastungsgrenze meiner Knie gegangen waren, aber mit langsamen vorsichtigen Schritten blieb alles im fast schmerzlosen Bereich. So erreichte ich gut gelaunt das Städtchen Sarria, obwohl es mit dem langen Abstieg von 39 Kilometern doch eine meiner längsten Etappen geworden war. Zuerst ging ich einkaufen, da ich alle meine Vorräte aufgebraucht hatte und suchte mir dann ein Hotel. Ein Vier-Stern-Hotel gleich am Weg verschmähte ich als zu wenig Pilger-gemäß und suchte mir ein abseitsgelegenes Ein-Stern-Hotel mit Restaurant aus. Denn noch einmal außer Haus gehen wollte ich heute nicht mehr. Das Hotel war sehr in Ordnung, nur gab es das Abendessen erst ab 21 Uhr. Die Wartezeit bis dahin verbrachte ich hungrig und mit kalten Füßen im Bett. Sarria liegt rund 115 Kilometer vor Santiago de Compostela.

Wenn man mindestens 100 Kilometer den Jakobsweg gegangen ist, erhält man im Pilgerbüro des Wallfahrtsortes die Urkunde als Jakobspilger. Deshalb beginnen sehr viele Wanderer aus allen Nationalitäten hier ihren Camino, weil es die einfachste Art ist, beurkundeter Pilger zu werden. Deshalb vervielfachte sich ab hier auch die Anzahl der Pilger, die mit mir auf dem Weg unterwegs waren.

Donnerstag, 14. November: Heute wachte ich erst um 7 Uhr Früh auf. Das ist rund eine Stunde später, als es mir normalerweise meine innere Uhr vorschreibt. Vielleicht war es das späte und reichliche Abendessen von gestern. Meinen grünen Drachen hatte ich gestern arg verletzt, weil ich seine Reißfestigkeit beim Absetzen des Rucksacks überschätzte. Ich reparierte den Riss mit einigen Streifen Hansaplast. Nach dem Frühstück marschierte ich guter Hoffnung, dass der Wetterbericht sich irre, ohne Regenkleidung los. Gleich nach Sarria bereute ich meinen Unglauben. Ein Regenschauer rauschte heran. An die Säule einer riesigen Autobahnbrücke gelehnt, musste ich daher auf einem Bein stehend die Schuhe ausziehen, dann die Regenhose hochstreifen, die Schuhe wieder anziehen und zu guter Letzt den verletzten grünen Drachen überstreifen.
Der gestrige leicht bewölkte Nachmittag war offensichtlich nur ein Ausreißer für Galicien. An diesem Vormittag war alles wieder beim Gewohnten: Regen und Schneeregen trieben mich ohne Aufenthalt voran. Die riesigen vermoosten Eichen, das von überallher nach überallhin sprudelnde Wasser, der Dreck auf Pfaden und Straßen verstärkten den unverwechselbaren, etwas morbiden Charme dieser Region. Die vielen Mitpilger, die meisten davon Spanier, wurden immer weniger. Nicht weil ich besonders schnell unterwegs gewesen wäre, sondern weil sie bei einer der am Weg befindlichen Bars trockenen Unterschlupf suchten.

Gefährlicher uralter Abstieg nach Portomarín.

Nach einem abenteuerlichen Abstieg über glitschige, steile Felsstufen, für den man fast schon alpine Erfahrungen benötigte, erreichte ich den Stausee von Portomarín. Da ich nicht verkühlt nach Hause kommen wollte, hatte ich mir vorgenommen, in diesem Ort in einer Apotheke ein Mittel zu besorgen, das meine Abwehrkräfte stärken sollte. Denn das Gehen mit Regenschutz barg das gleiche Problem wie immer. Die Kleidung bleibt zwar von außen trocken, aber die Wäsche verschwitzt, was dann bei den Stopps rasch Kälte aufkommen lässt. Gestern Abend hatte es bis zum späten Abendessen gedauert, bis meine Füße wieder warm wurden. Mein Smartphone verriet mir eine Apotheke, die jetzt um die Mittagszeit noch offen hatte. In dem kleinen Laden versuchte ich, der Apothekerin meine Wünsche zu verdeutlichen. Das gelang mir – vielleicht – nach einigen Minuten Erklärung buchstäblich mit „Händen und Füßen". Denn Englisch

Typisch galicische Eichenallee.

beherrschte sie nicht und ich konnte nicht genug Spanisch, um auszudrücken, was „Vorbeugung“ heißt. Jedenfalls bekam ich dann ein Mittel. Ob es das Richtige war, weiß ich nicht. Der Erfolg war jedenfalls gegeben, ich verkühlte mich auch in den nächsten Tagen nicht.

Es war gerade 14 Uhr und mir stand der Sinn nach einem Mittagessen. Vor einem Restaurant rief ich vorsichtshalber in dem acht Kilometer entfernten Gonzar an, wo ich nächtigen wollte. Die Dame am Telefon sagte mir auf Englisch, sie sperre um 16 Uhr zu, bis dahin müsse ich da sein. Acht Kilometer in zwei Stunden müssten locker zu schaffen sein, also sagte ich mein Kommen zu. Das Mittagessen im Restaurant war damit aber abgesagt. Mithilfe von zwei Stühlen – einer für mich, der andere für den Rucksack – zog ich den grünen Drachen über. Was ich

Die Brasilianerin Claudia und die einheimische Großmutter.

nicht bedachte: Die acht Kilometer bis Gonzar führten fast nur bergauf.

Die Minuten verrannen unglaublich schnell und ich gab mein Äußerstes. Bald bemerkte ich, dass ich den Regenschutz verdreht und verkehrt übergezogen hatte. Aber ich nahm mir keine Zeit mehr, ihn in Ordnung zu bringen. Kurz vor 16 Uhr erreichte ich – schon recht entkräftet vom Bergauf-Hasten – das Dörfchen Gonzar. Direkt an der Autostraße stieß ich auf ein Hotel, das aber rundherum verschlossen war. Enttäuscht rief ich die Dame an, mit der ich um 14 Uhr gesprochen hatte. Ich nahm an, sie hätte nun doch schon vor 16 Uhr zugemacht. Sie beruhigte mich und wies mir telefonisch den Weg zu einer Herberge gegenüber der Kirche. Dort stieß ich auf zwei Rumäninnen als Gastgeberinnen, mit denen ich mich auf Englisch gut

verständigen konnte. Im gemütlichen Aufenthaltsraum prasselte ein Feuer im Ofen und ich fand eine junge Pilgerin und ein älteres Ehepaar vor. Die Rumäninnen bereiteten mir noch ein gutes Mittag-/Abendessen und stellten eine Flasche Rotwein auf den Tisch. Zimmer gab es keines für mich, sondern nur ein Bett in dem Schlafsaal der Herberge. Die etwa zwölf Betten waren frisch überzogen und alles wirkte sehr sauber. Ich fügte mich in mein Schicksal, wieder in einem Schlafsaal nächtigen zu müssen und ahnte noch nicht, dass es eine – für eine Herberge – außergewöhnliche Nacht werden würde. Die Rumäninnen, welche die Herberge führten, verließen das Haus. Frühstück würde es hier keines geben. Es stellte sich heraus, dass die älteren Leute keine Pilger waren, sondern hier in dem weitläufigen Gebäude zu Hause waren und nur aus Gründen der Unterhaltung noch im Aufenthaltsraum verweilten. Ich würde mir den Schlafsaal also nur mit einer einzigen Person teilen müssen. Das war eine attraktive junge Dame namens Claudia aus Brasilien, die mir auf Anhieb sehr sympathisch war. Ich konnte mich mit ihr auf Englisch gut verständigen. Die Bitte aus dem Vaterunser kam mir in den Sinn: „Führe uns nicht in Versuchung!" oder in der leichten Abwandlung „Führe uns in der Versuchung!"
Den ersten Teil des Abends plauderte auch die Abuela (Großmutter) des Hauses mit uns. Der Großvater hatte sich schon früh zurückgezogen. Die Abuela genoss es sichtlich, mit jemandem sprechen zu können und redete wie ein Wasserfall. Claudia übersetzte mir das meiste davon ins Englische. Wir redeten unter anderem über unser Alter und es stellte sich heraus, dass die Großmutter ungefähr gleich alt wie ich war und Claudia Mitte Vierzig.
Schließlich zog sich auch die Großmutter zurück und ich war mit Claudia allein. Sie war heute nur die acht Kilometer von Portomarín gegangen, weil eines ihrer Knie zu schmerzen begonnen hatte. Sie hoffte, trotzdem den Camino noch fertigpilgern zu können und wollte am Montag, spätestens Dienstag in Santiago sein. Denn der Flug von Madrid nach Brasilien am

kommenden Donnerstag war schon gebucht. Ich gab ihr meine Ringelblumensalbe, damit sie ihr Knie damit behandeln konnte. Im Lauf des Abends verflogen die Schmerzen. Ein Hoch auf die Ringelblumensalbe! Nach einer Zeit gemütlichen Plauderns zog sich die Brasilianerin zum Duschen und Schlafen zurück und ich trank im gemütlichen Aufenthaltsraum meine Flasche Rotwein leer. Wir hatten uns vorher schon die Betten und Waschräume, weitestmöglich voneinander entfernt, aufgeteilt.

Freitag, 15. November: Die Nacht war die ruhigste, die ich je in einer Herberge oder Hütte mit fremden Personen zugebracht habe. Ich hoffte, dass meine Zimmergenossin das auch so erlebt hat. Claudia wollte mir die Ringelblumensalbe zurückgeben und sagte, dass sie ihr sehr geholfen habe. Ich schenkte sie ihr, denn bei ihrem Restproramm unter Zeitdruck konnte sie Knieschmerzen nicht brauchen. Wir packten unsere Sachen und schlichen uns durch einen Nebeneingang aus dem noch ruhigen Haus.
Idealerweise wartete in nicht einmal einem Kilometer Entfernung ein Café auf die ersten Gäste. So verzehrten Claudia und ich nach der „gemeinsamen“ Nacht noch ein gemütliches Frühstück zu zweit. Ein wenig schwer fiel es mir schon, mich von der netten Mitpilgerin zu verabschieden, aber unsere Tagesprogramme waren zu unterschiedlich.

Ein klarer kalter Morgen erfreute mein Pilgerherz. Das war doch nicht das Galicien, das ich kannte!
Aber bald war alles wieder im vertrauten Rahmen und die ersten Regenwolken näherten sich. Ich überholte eine Gruppe von etwa 20 Koreanern, die ihren Angaben nach in Sarria losmarschiert waren. Sehr glaubwürdig erschien mir diese Angabe aber nicht, denn dann hätte diese Reisegruppe eine längere Tagesetappe als ich – mittlerweile schon gut eingegangener Pilger – absolviert.

Typisches galicisches Dörfchen.

Nach einer Kurve entdeckte ich die mögliche Lösung des Rätsels. Ein großer Reisebus wartete auf seine Passagiere.
Gegen 12 Uhr traf ich im Städtchen Palas de Rei ein. Diesem hochtrabenden Namen „Palast des Königs“ entsprechen aber weder die Geschichte noch irgendwelche historischen Gebäude. Ich spazierte ein wenig herum, um das Öffnen des ersten Restaurants um 12.30 Uhr zu erwarten. Trotzdem musste ich dann an der Bar noch einmal warten, bis ich um 13 Uhr in den Speisesaal gelassen wurde.
Eine halbe Stunde nach Palas de Rei traf mich ein kleiner Schock: Eine Kilometerangabe zeigte 20 Kilometer bis Melide an, mein Ziel für diesen Tag. Wenn das stimmte, wäre mein Zeitplan um zwei Stunden in den Abend verschoben. Eine längere Wegstrecke grübelte ich darüber nach, wo ich mich möglicherweise vertan hatte, bis sich dann herausstellte, dass ausnahmsweise der Fehler doch nicht bei mir lag.

Das Regenwasser fließt über den Pilgerweg in den Bach.

Auf schönen Wanderwegen ging es weiter. Aber auch die Schönheit der Wege wird durch äußere Umstände, sprich: das Wetter, beeinträchtigt. Der gewohnte galicische Regen rann über die Wege und versuchte, meine Regenkleidung zu durchdringen. Diese hielt aber sehr gut dicht, nicht einmal meine Füße wurden nass. Sogar meinen grünen Drachen hatte ich mittlerweile schon gezähmt, ohne auf fremde Hilfe angewiesen zu sein. So bestätigte sich der Spruch: Es gibt kein schlechtes Wetter, sondern nur eine schlechte – oder in meinem Fall gute – Ausrüstung!
Das Städtchen Melide war mir theoretisch schon bekannt. Theoretisch deshalb, weil ich mit meiner Gattin vor zehn Jahren hier schon genächtigt hatte, und zwar in der offiziellen Pilgerherberge. Hier mündet nämlich der Camino Primitivo in den Camino Francés. Damals war es mir aber aufgrund einer Darminfektion sehr schlecht gegangen und außer an die katastrophale Nächtigung hatte ich alle Erinnerungen von meiner Festplatte gelöscht.

In einer Nebenstraße fand ich ein kleines, dem landesüblichen Standard entsprechendes Hotel zu einem günstigen Preis (€ 25), das Zimmer und das Bad waren in Ordnung und normal groß. Für meine kommende letzte Nächtigung auf dem Camino in O Pedrouzo buchte ich über eine Hotel-Plattform ein Zimmer im Voraus, um mir die mühsame Zimmersuche nach dem vorletzten Pilgertag in einem kleinen Ort zu ersparen.
In meinem Hotel konnte ich auch zu Abend essen und zog mich anschließend auf das Zimmer zurück. Wie alle Abende wollte ich das an diesem Tag Erlebte in Notizen für mein Reisetagebuch festhalten. Aber siehe da, beim Schreiben schoss mir ein Krampf in beide Daumen ein und ich war nicht mehr fähig, weiterzumachen. Auch eine neue Erfahrung!

Samstag, 16. November:

Das Frühstück war mir am Vorabend für 7.30 Uhr in Aussicht gestellt worden. Ich ging um diese Zeit in den Gastraum hinunter und war nicht besonders verwundert, dass sich wie schon so oft alles finster und versperrt zeigte. Also packte ich in meinem Zimmer den Rucksack und wollte das Hotel verlassen. Da sah ich, dass die Bar mit Verspätung nun doch geöffnet hatte. So bekam ich noch mein Frühstück mit – wie gewohnt – eigenem Brot.
Vorerst war es noch neblig, aber das Wetter besserte sich. Beim Weitergehen wurde ich plötzlich vom Ruf einer Frau aus meinen Gedanken gerissen. Sie bedeutete mir, dass der Camino hier nicht entlangginge und ich zurückgehen sollte. Tatsächlich, ich war über einen Kilometer eine Straße weitergelaufen und hatte den abzweigenden Pilgerweg übersehen. Dabei ist der Camino so gut markiert, dass es schon fast eine Kunst ist, in die Irre zu gehen. Da mein Tagespensum an die 34 Kilometer betragen sollte, waren diese zwei zusätzlichen Kilometer (hin und zurück) schon ein wenig ärgerlich. Ich bedankte mich bei der netten Dame, die mir einen noch weiteren Umweg erspart hatte.

Für Galicien typischer Eukalyptuswald.

Der Camino ist auf Wanderwegen und kleinen Straßen wirklich ideal zum Pilgern angelegt.
Der Weg führte immer wieder durch Eukalyptuswälder. Diese waren gepflanzt worden, weil ihr schnell wachsendes Holz raschen finanziellen Ertrag versprach. Dafür entzogen sie dem Boden aber so viel Wasser, dass die heimischen Pflanzen im Umkreis ruiniert wurden. Ich genoss diese Wälder trotzdem, weil sie so frisch dufteten. In Arzúa fand ich eine Pulperia, so heißen hier die Restaurants, wo man auch um 12 Uhr schon etwas zu essen bekommt. Deshalb war ich bereits um 13 Uhr wieder auf den Beinen. Das freute mich, weil am Nachmittag noch 20 Kilometer, also vier bis fünf Stunden Gehzeit, auf mich warteten. Das galicische Wetter meinte es außerdem ungewöhnlich gut mit mir, ich blieb am Nachmittag vom Regen verschont. Die 36 Kilometer des Tages zogen sich sehr in die Länge. Die letzte

Stunde konnte ich es nach jeder Wegbiegung nicht glauben, immer noch nicht an meinem Tagesziel O Pedrouzo zu sein. Aber schließlich hatte ich auch diesen vorletzten Pilgertag geschafft. Das gebuchte Quartier lag etwas abseits des Zentrums und stellte sich als moderne Pension mit einem schnuckeligen Zimmer heraus. Ich deponierte meinen Rucksack hier und eilte mit den leichten Schuhen rund einen Kilometer zur Kirche. Dort sollte um 18 Uhr eine Vorabendmesse stattfinden. Das war im Internet, aber auch auf manchen Tafeln für die Pilger nachzulesen. Die Kirche war aber – welche Überraschung – finster und verschlossen. So blieb mir nichts anderes übrig, als mir ein Restaurant zu suchen. Es war aber erst 18.15 Uhr. Vor 19 Uhr hatte ich keine Chance. Sollte ich noch einmal einen Kilometer zum Quartier, einen Kilometer wieder zum Abendessen und danach wieder einen Kilometer zum Schlafen gehen? Dazu hatte ich einfach keine Energie mehr und versuchte es in einer Pizzeria, die wegen meiner Gluten-Sensitivität eine von mir normalerweise nicht besuchte Restaurant-Kategorie darstellt. Erfreulicherweise hatten sie tatsächlich etwas zu Essen für mich, nämlich eine Paella und als Dessert einen Flan (Pudding). Versöhnlich ging dieser Pilgertag zu Ende.

Sonntag, 17. November: An meinem letzten Pilgertag fand ich rasch eine schon offene Bar und ließ mir nach dem Frühstück von einer anderen Pilgerin ins Regencape helfen. Denn es hatte schon wieder zu regnen begonnen. Idyllisch war der erste Abschnitt der 20-Kilometer-Etappe nach Santiago: der Wald von O Pedrouzo. Um ihn ranken sich Geschichten von Hexen und bösen Geistern, welche die Pilger zum Schluss noch von einem Erreichen der Kathedrale von Santiago abhalten wollen. Vor zehn Jahren war uns an dieser Stelle der Regen tatsächlich wie aus Eimern fast waagrecht entgegengekommen, sodass diese Geschichten anschaulicher wurden. An diesem Sonntag war es jedoch eine normale Wanderung durch einen bemoosten Wald, wenn auch bei feinem Nieselregen. Nach den letzten Bäumen wurde der Weg immer unromantischer. Vorbei am Flughafen von Santiago, den man zwar nicht sieht, aber gut hört, wird die Gegend immer stärker besiedelt. Das Papst-Denkmal am Monte do Gozo und die Pilger-Barackenlager waren mir schon vertraut, ebenso die Hauptstraße nach Santiago hinein. Diesmal kam bei mir auch keine Wehmut, dass es nun vorbei sei, auf. Eher fühlte ich eine stille Befriedigung, mein Ziel erreicht und es noch einmal geschafft zu haben. Durch das Pilgertor betrat ich den Platz vor der Kathedrale und ließ mich im galicischen Regen von einem älteren finnischen Ehepaar, die mit mir die letzten Kilometer gegangen waren, fotografieren.

Selbstverständlich bot ich im Gegenzug auch meine Dienste als Fotograf an. Ich war schon erfahren genug, mich nicht mehr in die Hocke zu begeben und vermied so die Peinlichkeit, möglicherweise wieder dabei umzufallen. Als nächstes wollte ich das Pilgerbüro aufsuchen. Würde es am Sonntag, außerhalb der Saison, überhaupt geöffnet haben? Da es irgendwann in den letzten zehn Jahren umgesiedelt war, musste ich es anhand einer Skizze suchen. Beim Betreten gab es die nächste und letzte Überraschung dieses Pilgerwegs: Ein Security-Mann erwartete mich und ich hatte eine Nummer zu ziehen. An vier offenen Schaltern wurden die Pilger empfangen und erhielten nach Erfassung und Überprüfung ihrer Angaben die begehrte Urkunde als Jakobspilger. Die Wartezeit pro Schalter betrug rund eine halbe Stunde. Wo kamen nur die vielen Pilger her? Die Dame, die meinen Fall zu bearbeiten hatte, sprach eine kleine Rüge aus: Ich hätte die letzten 100 Kilometer jeden Tag zwei Stempel – und nicht nur einen – in meinem Pilgerpass haben müssen. Aber sie ließ Gnade vor Recht ergehen und ich bekam wieder meine Urkunde als Jakobspilger, für die ich fünf Euro zu bezahlen hatte. Ich werde sie zwar nie wieder benötigen, aber sie gehört einfach dazu.

Bemooste Stämme im Wald von O Pedrouzo.

Die Kathedrale wurde gerade restauriert und alles war eingerüstet. Die Pilgermesse sollte daher in einer benachbarten Kirche stattfinden. Die Statue des heiligen Jakobus war von den Renovierungsgerüsten ausgespart und so konnte ich wenigstens ihn anhand seiner Kopie begrüßen. Ich legte ihm kurz die Hand auf die Schulter und bedankte mich für die schöne Pilgerreise.
Restaurants stehen in Santiago in Hülle und Fülle zur Verfügung. Ich suchte mir fürs Mittagessen eines in der Nähe des Pilgerbüros aus und musste bei der Speisen- und Getränkewahl erfreulicherweise keine Rücksicht auf die Anforderungen des Nachmittags nehmen. Ein Hotel hatte ich mir in der Nähe der Kathedrale schon gestern Abend gebucht. Es war eines dieser Häuser, wo in einem Aufenthaltsraum mit Selbstbedienung alkoholfreie Getränke und Obst konsumiert werden können. Die Rezeptionistin war sehr zuvorkommend, denn ich hatte einen

sehr unspirituellen Wunsch: Ich wollte gerne das an diesem Abend stattfindende ATP Finale (Tennis) in London zwischen Thiem und Tsitsipas ansehen. Sie telefonierte herum und nannte mir dann zwei Lokale mit Sportübertragungen im Fernsehen. Am Abend besuchte ich noch die Abendmesse in einer nahen kleinen Kirche und zog dann aus, um die Sportbars mit Fernsehen zu finden. Die genannten Sportbars fand ich, aber die Übertragungen zeigten alles, nur nicht Tennis. Vermutlich wäre es anders gewesen, wenn der Spanier Nadal im Finale gestanden hätte. So ließ ich den Abend in einem guten Restaurant ausklingen und freute mich schon auf die Heimreise am nächsten Tag. Ein wenig melancholisch stellte ich mir die Frage: War das meine letzte Pilgerreise?

Montag, 18. November: Am Morgen suchte ich nach beträchtlichem Fußmarsch ein Reisebüro auf, in der Zeit der Online-Buchungen werden diese Einrichtungen immer weniger. Aber ich wollte nicht in einem fremden Land in einer fremden Sprache etwas buchen, was dann nicht funktionierte. Im Reisebüro angelangt, erklärte man mir, dass ich den Flug selbst buchen müsse, ich könne das aber bei ihnen machen. Also buchte ich doch online den Flug für nächsten Nachmittag von Santiago nach München über Madrid. Interessanterweise hätte ein Flug bis Salzburg ungefähr das Dreifache gekostet. Am folgenden Tag besuchte ich noch die Pilgermesse in San Martín Pinaro. Die Atmosphäre kam bei Weitem nicht an die Pilgermessen in der Kathedrale heran und auch der Besuch war eher schütter. Am Abend bestieg ich das Flugzeug nach Madrid. Beim Überflug der Mittelgebirge staunte ich über die tiefverschneiten Berge und freute mich nachträglich, dass ich es noch geschafft hatte, bevor der Winter so kräftig Einzug hielt.

Das Ziel der Sehnsucht ist erreicht: Die Kathedrale von Santiago.

Nachbetrachtungen

Knapp vier Wochen war ich im Spätherbst allein unterwegs auf dem Camino Francés. Ich selbst neigte vorher der etwas abschätzigen Beurteilung zu, es handle sich bei diesem Weg um einen Massenaufmarsch auf landschaftlich eher uninteressanten Routen. Das war übrigens auch ein Grund dafür, weshalb ich mir selbst ein Urteil bilden wollte. Jetzt kann ich sagen, dass diese vereinfachende Beurteilung zwar stimmt, aber viel zu kurz greift. Ich möchte im Folgenden die Wirkungen dieses Pilgerwegs auf mich, aber auch im Vergleich zu den vor zehn Jahren begangenen Camino Norte und Camino Primitivo etwas ausführen.

Der Weg

Der Camino Francés verläuft fast ausschließlich auf Wegen, die für die Pilger reserviert sind. Im Gegensatz dazu muss man bei den anderen Caminos teilweise auch Straßen, Bergpfade oder ähnliches benutzen. Die Wege sind auf das Begehen vieler Pilger ausgelegt und verfügen daher auch über gut befestigten Untergrund. Im Gegensatz dazu sind viele Wegabschnitte auf dem Norte nur als Rutsch- oder Schlammpartie zu bewältigen. Dementsprechend sind dieses Mal Kleidung und Schuhwerk meist salonfähig geblieben. Viele Wegweiser und Markierungen machen ein Verlaufen fast unmöglich, auch das ist am Norte und Primitivo anders. Bei den beiden Letztgenannten sind auch viel mehr Auf- und Abstiege zu bewältigen. Es wäre aber ein Irrtum anzunehmen, dass es am Camino Francés immer flach dahinginge. Auch hier sind insgesamt rund 13 000 Höhenmeter mit drei Hauptanstiegen zu bewältigen (Pyrenäen, Cruz de Ferro und O Cebreiro). Bei den landschaftlichen Schönheiten haben

Wehmütiger Blick zurück auf die tiefverschneiten Berge der Cordillera Cantabrica.

der Camino Norte und der Camino Primitivo klar die Nase vorn. Das Meer, die Berge und wilde Küsten, weite Sandbuchten sind einfach nicht zu übertreffen. Eintönige Wegstrecken sind dort praktisch nicht vorhanden. Wer eher meditativ gehen möchte, ohne ständig durch neue Reize abgelenkt zu werden, ist auf dem Francés genau richtig. Anders verhält es sich mit den kulturellen Highlights: Am Norte und Primitivo gibt es sehenswerte Städte wie San Sebastian, Bilbao, Santander, Oviedo und Lugo. Aber Pamplona, Burgos, León und Astorga auf dem Camino Francés sind in ihrer reichhaltigen Pracht doch über die Erstgenannten zu stellen. Der Weg wird auch sehr durch die Wetterverhältnisse beeinflusst. Auch wenn ich nicht verallgemeinern sollte, weil ich nur zwei Jahreszeiten (Frühling und Herbst) erlebt habe, traue ich mir doch ein paar Aussagen anhand der Erzählungen anderer Pilger zu: Der Sommer auf dem Camino Francés kann sehr große Anforderungen an die Hitzeverträglichkeit stellen, dafür ist es naturgemäß auch weniger nass. Ein starker und permanenter Westwind, der einem zu dieser Zeit ins Gesicht bläst, kann auch ganz schön die Nerven beanspruchen. Die Hitze am Norte und Primitivo ist auch im Sommer durch die Berge und das Meer kein großes Problem. Eher sind es die häufigen Regenfronten, welche die Tiefs über dem Golf von Biscaya herüberschaufeln.
Erleichtert wird die Begehung des Camino Francés durch die für eine Weitwanderung ungewöhnlich gute Infrastruktur. Man kann sich sein Gepäck transportieren lassen. Immer wieder findet man Hinweise auf Taxis oder Praxen für Massagen oder Physiotherapie. Eine Fülle von Bars, Restaurants, Herbergen, Hotels und Pensionen steht hier zur Verfügung. Das ist am Norte und Primitivo bei Weitem nicht der Fall.

Die Menschen

Am Camino Francés gehen sehr viele Pilger aus der ganzen Welt, sogar im Spätherbst. Wie muss das erst im Frühling, Sommer oder Herbst sein? Ein großer Teil davon kommt aus Asien, vor allem

Anflug auf das abendliche Madrid.

aus Südkorea und Japan. Außerhalb der Hauptsaison kommt es aber auch auf diesem Camino durchaus vor, dass man einen Halbtag völlig allein wandert. Insbesondere, wenn man sich einen weniger bekannten Nächtigungsort aussucht als die meisten anderen, ist man die Stunden vor Erreichen des Quartiers, aber auch am Morgen beim Weggehen ziemlich allein. Obwohl am Camino Francés so viele Leute unterwegs sind und es dadurch ein Stück anonymer wird, bieten sich trotzdem genug Gelegenheiten, um Freundschaften zu schließen und Wegstrecken mit anderen gemeinsam zu gehen. Durch die vielfältigen Möglichkeiten zu nächtigen sind die Kontakte meist aber flüchtiger.
Auf dem Camino Norte und dem Camino Primitivo sind viel weniger Pilger unterwegs, dadurch lernt man sich oft besser kennen, weil man sich immer wieder begegnet und häufig in derselben Herberge übernachtet. Denn hier ist, wie gesagt, die Infrastruktur viel dünner, man muss nehmen, was vorhanden ist und kann sich nicht aus verschiedenen Möglichkeiten das Passende aussuchen.

Spirituelles

Der Prozentsatz der religiös motivierten Pilger ist auf allen Jakobswegen vergleichbar niedrig. Für die – absolut gesehen – größere Anzahl der Gläubigen auf dem Camino Francés werden in vielen Kirchen und Klöstern Pilgermessen gefeiert. Die Messen, bei denen ich dabei sein konnte, wurden ausnahmslos sehr feierlich und innig zelebriert. Von Erstarrung in Routine oder Aufstellen eines neuen Geschwindigkeitsrekords beim Abspulen der Liturgie, wie ich das vor zehn Jahren teilweise erlebt hatte, war hier nichts zu bemerken. Der spirituelle Höhepunkt des Camino Francés war für mich der sogenannte Galicische Gral im kleinen Bergkirchlein von O Cebreiro.

Die tiefe Gläubigkeit, die der einfache Gottesdienstraum in der Bergeinsamkeit ausstrahlt, hat mich sofort in ihren Bann gezogen. Da kommen die prachtvollen, vergoldeten Altäre so vieler Kirchen auf dem ganzen Weg in ihrer Wirkung nicht annähernd hin.

Hingegen war für mich diesmal die spirituelle Wirkung von Santiago und seiner Kathedrale eher bescheiden, was auch der im Gange befindlichen Restaurierung geschuldet sein mag. Zu Beginn habe ich auch geschrieben, dass ich noch einmal in solche Augenblicke der Gottesnähe, wie ich sie vor zehn Jahren erlebt habe, eintauchen wollte. Offen gesagt, ist mir das diesmal nicht gelungen. Das bedeutet aber nur, dass mir die tiefen emotionalen Elemente in einer Art Ausnahmezustand versagt geblieben sind. Dafür gab die Atmosphäre des Pilgerwegs vom Beginn bis zum Ziel ein starkes Gefühl des Eingebundenseins in eine Welt, die für uns (noch) nicht sichtbar ist.

Persönliches Erleben

Ich komme zur eingangs gestellten Frage zurück: Hat es etwas gebracht, den Jakobsweg noch einmal zu gehen?

Interessant ist für mich das Paradoxon, dass ich bestrebt war, den Weg so rasch wie möglich hinter mich zu bringen. Vor zehn

Jahren fühlte ich in Santiago großes Bedauern, dass es nun zu Ende war. Dieses Mal war ich froh, endlich angekommen zu sein. Das hängt vielleicht damit zusammen, dass der Körper die Strapazen eines täglichen Marsches von mehr als 30 Kilometern auch in meinem Alter zwar mitmachte, teilweise aber seinen Unwillen über die Zumutungen deutlich fühlen ließ. So stellte ich mir nicht nur einmal die Frage, warum ich mir das noch antue. Dazu kam die relative Einsamkeit. Da ich Herbergen nur im Ausnahmefall aufsuchte, waren die Zeit der Einnahme von Mahlzeiten, des Nächtigens und des Marschierens geprägt vom Alleinsein mit mir selbst.

Aber zum Paradoxon gehört noch ein zweiter Teil, und zwar nach der Reise: Erneut spürte ich eine große Sehnsucht, diese schöne Zeit wieder zu erleben. Vielleicht hatten die Strapazen im Augenblick die Schönheit des Erlebten überlagert? Erst im Nachhinein wurde mir bewusst, wie großartig der Weg, seine Städte, Kathedralen und Klöster, die Natur, die Mitpilger, die gefeierten Wunder und die Gottesdienste waren. Überzeugt bin ich, dass viele Stunden des Gebets und Betrachtens jeden Tag beim Pilgern etwas mit einem machen, das man nicht beschreiben kann.

Ein weiterer Effekt, den ich nicht habe ahnen können: Die mehrwöchige Trennung von meiner geliebten Frau ließ die Sehnsucht in jugendlichen Dimensionen neu erwachen und schweißte uns noch fester zusammen.

Ein eher unbeachtlicher Nebeneffekt war, dass ich pro Woche rund ein Kilo an Gewicht verloren und einen schon lange nicht mehr erreichten Status der Fitness erreicht hatte. Die Freude und Dankbarkeit, dass mir in meinem Alter noch eine so gnadenvolle Zeit geschenkt wurde, hält unvermindert an! Ja, das Pilgern auf dem Camino war es wert und ich würde ihn oder einen anderen sofort noch einmal gehen!